汪精衛與現代中國系列叢書 07

汪精衛
政治論述
文章·演講·書信·電報
匯校本

書評讚譽

僅只一人的事跡和資料，卻足以讓我們跳脫傳統視野，
對近代中國的歷史經驗得到嶄新的認識。

美國聖邁可學院歷史學系榮譽退休教授　王克文

這套歷史文獻，見證了一個民族主義與和平主義
的信仰者，在天翻地覆的大時代裡，曲折離奇
的救亡經驗。它是認識汪精衛，也是理解這個時代
特質不可或缺的材料。

前東海大學文學院院長　丘為君

非歷史學家左湊右湊的「證據」，它是一手資料，
研究近代史的人都要看這套書不可！

《春秋》雜誌撰稿人、歷史學者　李龍鑣

為華文世界和大中華文化圈的利益計，
這套書值得我們一讀。

著名傳媒人　陶傑

過往對汪精衛的歷史評論，多數淪為政治鬥爭的宣傳工具，
有失真實。汪精衛一生：有才有情，有得有失，
有勇有謀，有功有過。記載任何歷史人物必須正反並陳，
並以《人民史觀》為標準。基此原則，汪精衛的歷史定位，
有必要重新檢視，客觀定論，一切從這套書起。

歷史學者　潘邦正

這套書非常適合歷史研究者閱讀，這無須多言，
更重要的是，書中呈現的不只是政治家
的汪精衛，還是一個活生生的人，有笑、有淚、
有感情、有情趣。

文獻學博士　梁基永

從學術嚴謹的角度來看這套書，
有百分之二百的價值。

東華大學歷史學系副教授　許育銘

這套書最重要的意義在於讓一個歷史人物可以
在應該有的位置，讓他的著作可以被重視、被閱讀、
被理解，讓我們更貼近歷史，還原真相。

國立臺灣師範大學歷史學系教授　陳登武

研究汪精衛不可或缺的資料！

三聯書店出版經理　梁偉基

這六冊巨著是研究汪精衛近年來罕見的重要
史料，還原了一個真的汪精衛。

《亞洲週刊》記者　黃宇翔

這套書為我們提供了研究汪精衛的珍貴資料，
包括自傳草稿、私人書信、政治論述、
詩詞手稿、生活點滴、至親回憶等，其中有不少是從未
面世的。閱讀這套書可以讓我們確切瞭解他的人生態度、
感情世界、政治思想、詩詞造詣，
從而重新認識他的本來面目。

珠海學院文學與社會科學院院長　鄧昭祺

不管對有年紀或是年輕的人來說，
閱讀這套書都是很好的吸收與體會。

時報文化董事長　趙政岷

汪精衛與現代中國系列叢書 07

汪精衛
政治論述

匯校本

中
1928-1938

文章・演講・書信・電報

八荒圖書
EIGHT
CORNERS
BOOKS

汪精衛與現代中國系列叢書 07

汪精衛
政治論述
文章・演講・書信・電報　匯校本 中 1928-1938

Wang Jingwei's Political Discourse —
Newly Compiled and Revised Edition, Volume II

國家圖書館出版品預行編目(CIP)資料

汪精衛政治論述匯校本：文章.演講.書信.電報 / 汪精
衛作；何孟恆彙編. – 新北市：華漢電腦排版有限
公司, 2023.09
　　面；　公分. -- (汪精衛與現代中國系列叢書；7)
ISBN 978-626-97742-2-7 (全套：平裝)

1.CST: 汪精衛 2.CST: 學術思想 3.CST: 政治思想
4.CST: 文集

570.92　　　　　　　　　　　　　112014310

作　　　者 — 汪精衛
彙　　　編 — 何孟恆
執 行 主 編 — 何重嘉
編　　　輯 — 朱安培、李耀章
設 計 製 作 — 八荒製作 EIGHT CORNERS PRODUCTIONS, LLC
台 灣 出 版 — 華漢電腦排版有限公司
地　　　址 — 新北市板橋區明德街一巷12號二樓
電　　　話 — 02-29656730
傳　　　真 — 02-29656776
電 子 信 箱 — huahan.huahan@msa.hinet.net
出版年月：2023年9月2日

ISBN： 978-626-97742-2-7

定價：NT$1800（三冊不分售）

本著作台灣地區繁體中文版，由八荒圖書授權華漢電腦排版有限公司獨家出版。

代理經銷：白象文化事業有限公司

地址：401 台中市東區和平街228巷44號

電話：04-22208589

汪精衛紀念託管會獻給何孟恆與汪文惺

中冊目錄

政治論述

四：南京十年 （一九二八至一九三七年）

前言

---◆---

我的革命決心，固然始終沒有改變；
而我對人對事的態度卻不免時有改變。
但所以改變的理由，我無不講出來。
至於理由的對不對，
則我願接受現在和後人的評論。

—汪精衛

1943年汪精衛攝於南京

引言｜何孟恆

汪精衛早歲追隨孫中山先生參加中國國民革命，為中華民國建立者之一。中山先生逝世後，汪氏即膺重責，為第一任國民政府主席。一九三二至三五年一段非常時期，汪氏歷任總揆，一九三五年十一月，遭政治暗殺，不遂，仍繼續參預政府最高決策，並為國民黨反專制反軍閥的一羣人的中心。蘆溝橋事變，中日發生戰爭，汪氏認為中國抗戰無望，因而提倡對日和平，更於太平洋戰爭中與日本合作。一九四四年，舊創復發，赴日就醫，十一月，病逝名古屋。他的一生與民國歷史不可分離，而他的最後一個階段卻最為世人所詬病。

究竟當時事實真相如何，詳情仍然有待史家細心的發掘和嚴正的剖析。提起中國現代歷史，就不能夠撇開推翻滿清的革命運動，因此也不能無視於革命黨人中之一的汪精衛。要研究民國成立後到中日戰爭，以至其後中國共產黨取得政權這一段的史實，也就不能無視於一直是國民黨中堅分子之一的汪精衛。他的一生，為功為過，將來自有讜論，其人其事是不能一筆抹殺的。

有關上述的一段過程，離開現時雖然還不算久遠，但為避免事實湮沒，保存歷史完整，現在着手搜集資料，已經是時候了。

汪氏在他的〈自述〉裏說過，拿生平的演講和論說當做自傳是最真實的。雖然，自己的著述有時未必就是研究他本人的全部資料；不過以他自己的政治論述來追尋他的思路，印證他的事迹，這道路方向是對的。希望這一分年表能成為這宗研究工作的一片基石。

原載何孟恆《汪精衛先生政治論述年表》

●

何孟恆，本名何文傑，筆名江芙，廣東中山人，妻汪文惺是汪精衛的長女。南京國民政府期間擔任陳璧君的秘書；抗戰後在老虎橋監獄待了兩年半；及後與妻女赴港，並進入香港大學植物系任實驗室主任；二〇一〇年與妻子創辦了汪精衛紀念託管會。是次系列得以出版，有賴何孟恆書寫、謄抄、分析、研究及整理的資料，其著作還有汪精衛紀念託管會編、時報文化出版的《何孟恆雲煙散憶》以及《汪精衛生平與理念》。

序｜許育銘

————— ◆ —————

　　相當榮幸應汪精衛紀念託管會的邀約，為本書寫一篇序言。本人從事汪精衛研究雖然有一段時間，但是仍覺能力嚴重不足，能見到本書的出版，感到內心一陣期待甚久的喜悅。現今對於汪精衛在現代中國的歷史地位問題，其實有很多不同的聲音。在早期的國民黨史觀及共產黨史觀下，強調革命與民族主義的時代，線性化的歷史敍述形成過程中，汪精衛被打成反面歷史人物。但此類的看法，很早就受到西方史學界的質疑，更提出不同的看法，從詞彙的否定性走向中性用法，但是至今仍未形成共識的用法。另一方面，隨着時間的演進，「中華民國在台灣」時期的年數，已經遠遠超過「中華民國在大陸」時期的年數。時間慢慢地沖淡歷史記憶，國民黨史觀的合理性也隨着逐漸崩潰，蔣介石所受的批判甚至超過汪精衛，所以現今海峽兩岸對汪精衛評價的差距逐漸變大，用所謂的多元説法，取代未有定性。

　　恩師蔣永敬先生前不久才過世，本人之所以從事汪精衛研究受恩師影響甚大。恩師最喜歡將國民黨史中的胡漢民、汪精衛、蔣介石三人做比較，即便他的遺著《多難興邦》一書，也是在談這三個歷史人物在一九二五年到一九三六年期間的分分合合，附錄還有一篇簡短中肯的〈汪精衛傳〉，值得一般讀者參考。恩師在書中結論提到，汪精衛的歷史評價，雖然不及蔣、胡，但汪在國難期間，「對日一面交涉、一面抵抗政策，以外交掩護軍事，配合蔣以剿共掃除地方軍人割據，取得對日備戰及建設時機。汪氏之功，不可沒也。」這樣的評價可謂極為客觀，也推翻了一成不變的蓋棺論定，歷史人物在不同時期的表現可以作不同的評價。同樣地，同一時期的正反不同的評價或看法，吾人亦皆應納入客觀研究的視野內。

　　周作人曾經說汪氏其精神，臨難不苟，大義所在，勇往弗蹶，正如佛氏之拾身飼餓虎，悲天憫人與生俱來，不惜以一身而救天下，乃今世之「菩薩行」。周氏之言，過譽甚矣，但是代表當時人的另一種看法。追隨汪氏或認同汪氏行動的人，來來往往很多，汪還曾被稱作過「改組派」的精神領袖，而汪氏這領導者的政治基礎正是他所寫的政論為人們所相信的理由。另一方面，吾等從諸多歷史研究或歷史敘述文本中，可以看出一個關於如何論述汪精衛在基本上的盲點，那就是常常以他人或同時代人的論述或批評來觀察汪氏，往往不是從汪氏的自身出發來看待。我們可以簡單地回到自我與他者的問題。如果要從汪氏的自我出發，自然是看其言行，汪氏本人的言說與政論便是最基本的東西。但是以往關於汪氏的言說與政論並未有系統整理，或取得不易，因此說要貼近汪氏來作觀察，很明顯產生頗大的距離。所以，本書很大的一個貢獻，便是大幅地縮短了現代人認識汪精衛的距離，提供了對汪精衛政治地位形塑過程與汪精衛派系團體追隨者意識型態的討論研究基礎。

　　本書收集的汪精衛的政論文章，多曾已公開發表，來源來自民國時期當時的出版品如《汪精衛先生文選初集》、《汪精衛言行錄》等等，再加上期刊報紙刊載者，如一般罕見的《中華日報》、《南華日報》等。何孟恆先生及何重嘉女士極為有心，也花費許多的工夫，先收集這些資料再加以整理。其實還有很多散佚不可得，有些政論文章的原稿，甚至還保存在國民黨黨史館等史料收藏機構，閱覽時還可以看到許多汪氏親筆與修改的痕跡。當然還有許多未曾公開或不允公開的汪氏史料，仍舊靜靜躺在檔案館中，等待在歷史長河中擺渡的機會。

　　史料本身的背後也常常隱藏許多的故事。例如汪精衛行刺清攝政王一事，是汪精衛成名事蹟之一。當時與汪榮寶、何震彝、翁之潤合稱「江南四公子」之一的楊圻（雲史），是當時在北京享負盛名的學者。曾謂汪精衛的庚戌一役，是心中但有民族兩字，忘一己為何物，如同興漢三傑之一的張子房，「雖一擊不中，而氣包寰宇，天下欽仰，是大勇也。」汪當時抱必死之心，在

清廷詢問中，歷述一篇長數千言的供詞，以表明自己的革命意志。但是當時口供並未流出，外界傳誦甚久的是汪在獄中的賦詩，「慷慨歌燕市，從容作楚囚。引刀成一快，不負少年頭。留得心魂在，殘軀付劫灰。青燐光不滅，夜夜照燕台。」因此在民國成立之後，此口供自然成為罕見的珍貴文獻，但是當時都認為口供散失無存，所以很多不同時期出版的汪精衛文集或言論集都沒有收錄。據林柏生所述，供詞有三份，第一份存於民政部，因為肅親王善耆時任民政部尚書，愛惜其人及供詞，特令民政部抄一附件，收藏於私邸，這份口供相傳字跡極為工整。第二份口供存於法部，輾轉歸檔案保管處，後來又運往南京，形成殘篇斷簡，最後失其所在。第三份存於大內乾清宮，即肅清王與司法大臣紹昌合奏之稿，後來案件移入養心殿，一九一五年醇親王擬修清季史略，案件又移至什剎海的攝政王府，其中包括此案的右翼技勇隊報告，提督及法部問供，民政部及法部兩部奏摺，連同硃批皆在其內。一九二四年馮玉祥將溥儀從紫禁城驅走後，醇親王府將大部分物件都運至天津，後來再盡數他運，不知去向。

但戲劇性的發展是，後來成為知名藏書家的張伯楨（廣東番禺人），與汪精衛同樣是清末廣東派出的留日學生，因此被認為是與汪氏同年同鄉。張曾參與同盟會活動，後來也寫出許多關於革命活動事蹟的內情，如《同盟會革命史料》、《華興會革命史料》等等。張於一九〇八年回國，受聘為兩廣方言學堂教授。一九一〇年赴北京參加廷試，任法部制勘司主事。因此當辛亥革命發生後，汪氏被清廷釋放出獄，當時在清廷法部工作的張伯楨便成為唯一的迎接者。張伯楨自民國成立直到一九二八年政府機關遷南京為止，始終名列司法部監獄司第一科長之職。張由於任職法部之便，得以接觸卷宗，從法部檔案中錄出汪氏的庚戌被捕供詞，收錄於其所編的滄海叢書第一輯，汪的供詞也是自始海內才有傳本。後來張柏楨之子張江裁，同樣也是藏書家，還曾出任汪政權的監察院秘書，更編著《汪精衛先生庚戌蒙難實錄》與《汪精衛先生行實續錄》，而其中有大量原始資料為學界重視。或許正是這樣的淵源，等到一九八

三年，非常罕見地，大陸第一歷史檔案館在《歷史檔案》發表清末汪兆銘被捕後的供單及有關史料。此供單則是原存第一歷史檔案館軍機處月折包內，係宣紙墨筆書寫，長約三百一十三點五公分，寬約二十點五公分，是清方之過錄，非汪之親筆。但事實上汪的供詞分成兩次，本書據張柏楨的滄海叢書，也都將兩次的供詞收錄，提供讀者更完整的資訊。雖然不能說是再度重見天日，但亦是難得之快舉。

在汪精衛的政治生涯中，有兩段時期不為主流或所謂正統所接受，一是二○年代反蔣運動時期，二是抗戰脫離重慶陣營之後。這兩個時期汪氏的言論主張，想要保存下來自會受到很大的限制。由於汪氏最擅長的便是宣傳，搖筆桿寫文章的功力自同盟會時代開始，便極為厲害。一旦汪氏的政治行動受到打壓，自然地言論主張也會遭到封鎖。因此在這兩個時期之外，如汪蔣合作時期，汪氏的政論文章，可以說隨處可見。相對地，這兩個時期裏關於汪氏的政論文章被封殺的情況很多。一九二九年三月十四日上海的小報《福爾摩斯報》有一小則記事，可以說明這種情況。該記事標題為「字紙籮中之汪精衛宣言」，提到汪精衛、陳公博等國民黨左派中央委員十四人在三月八日聯名發表一關於黨務政治的重要宣言（即本書所收錄的〈關於最近黨務政治宣言〉），此宣言稿有千餘字，於三月十二日由太平洋通信社分送各大報，但由於此宣言抨擊當時的政局與黨務，對國民黨第三次全國代表大會的代表產生方法尤其不滿，結果第二天，沒有一家報紙為之刊載。也因為像類似這樣的情況，後來這兩個時期汪的政論文章公開流傳下來的並不多，尤其是在抗戰汪政權時期的政論文章，更不被國共兩陣營所允許。然而本書則收集許多關於這兩個時期，至今難得一見的政論文章，彌補了時代斷裂，因此本書在重塑對汪精衛研究的一貫性上也做出具體的貢獻，值得肯定。

以往曾有研究者進行汪精衛研究後，所得出的結論是汪氏是一個權力慾望很重的人，其實這樣的結論過於片面，因為「權力慾」與「責任心」有時難以區分，對政治人物而言或許就是一體兩面的問題，不在其位又如何善盡其

責？想要作區分最好還是有所依據，相信本書的出版，定能讓想要瞭解汪精衛真實面目的讀者，透過本書提供的史料，而更具有深入判斷的依據。

●

許育銘，國立政治大學歷史研究所碩士，日本立命館大學文學博士。曾任日本慶應大學地域研究所訪問研究員等，現為國立東華大學歷史學系副教授。專攻近現代中日關係史與民國史。著有《汪兆銘與國民政府一九三一—一九三六年對日問題下的政治變動》等。

編輯前言

———————◆———————

　　《汪精衛政治論述》全三冊匯校本為《汪精衛與現代中國》系列叢書[1]之一，初版早於二〇一九年面世，為了解汪氏生平提供大量一手史料。是次託管會推出匯校印刷版，期望讀者能在當下細味汪氏的思想與心路歷程，或有別趣。

　　初版根基源於何孟恆的工作。何氏曾編撰〈汪精衛‧現代中國〉[2]，按時序記述汪氏一生及諸多汪氏政治寫作、演說等，該文現收錄於系列叢書之《汪精衛生平與理念》中。託管會據何氏一文訂本書目錄，並以方君璧贈予何孟恆十五冊的汪氏著作為基礎，輔以何氏收藏的手稿及報章，校訂成《汪精衛政治論述》。

　　初版發行後，託管會繼續搜羅汪氏其他散佚文字，並發現因當時政治、戰爭或編輯等等原因，各種公函、報刊、手稿版本之間有着不少相異與分歧。有見及此，託管會以現存各種材料與初版再作仔細校訂。當中有資料錯誤者，如各版本誤植「庫爾纏」為「庫肅纏」、「陳名夏」為「陳同夏」；有據其他版本訂正錯誤者，如〈民族的國民（其一）〉中「故聲其罪而懲艾之」誤植為「故聲其罪而懲文之」；有版本不同而需引歷史校正者，如〈國際問題草案〉中，《汪精衛先生的文集》作「中國黃河以北」、《汪精衛文存》作「中國黑河以北」；有版本內容相異而需據文意訂正者，如〈國際問題草案〉中，

1《汪精衛與現代中國》由汪精衛紀念託管會編，時報文化出版，系列除了《汪精衛政治論述》外，還有《汪精衛生平與理念》、《汪精衛詩詞新編》、《汪精衛南社詩話》、《獅口虎橋獄中寫作》和《何孟恆雲煙散憶》，首度公開諸多親筆手稿。

2《汪精衛‧現代中國》木曾山版，Worldcat有該文條目，但誤列汪精衛為作者。

《汪精衛先生的文集》作「畢竟也還不少」、《汪精衛文存》作「畢竟也還不多」等。

面對各種版本相異，編輯團隊不敢隨意修改，以免曲解汪氏原意。故先盡力搜尋歷史文件及史料作證，再考汪氏原文及其寫作習慣，最後方就過千條相異開會決議，務求所有校訂客觀持平、任何改動有根有據。再者，汪氏文字中引用、收錄的資料龐雜，以往版本往往羅列其中而未加疏理，本次匯校即就此加以編輯。如〈覆駐法總支部函〉中，汪氏收錄七條甯漢之戰時期的電文，現存版本僅為全錄，標注之日期亦復錯誤。匯校版特按時序重新排列，令讀者更易掌握事態發展及時局脈絡。

匯校本亦非單單「搬字過紙」。汪氏身處的時代，除了千年以來的帝制被推翻外，千年以來的書寫習慣亦煥然一新。由晚清文言、民初白話到後期較成熟書面語，當中的斷句及標點運用都與時下習慣大相逕庭。尤其是民初時代西方標點剛剛被引入，運用方式尚未有一致定論，加上汪氏揮筆直書時往往省卻標點，導致即使同一篇汪氏文章，不同報刊亦有不同處理手法，造成語義混亂。編輯團隊亦特此重新審訂全書的標點斷句，務求在不影響原意的情況下，令讀者的閱讀更為順暢。

汪氏文章旁徵博引，部份引用資料早已散佚、難以考究。編輯團隊已然盡力，不敢說是此匯校已十全十美。惟祈盡善盡美，謹將汪氏的心路歷程披瀝於世，餘者還請匡正。

以下就全書編輯凡例，加以說明：

一、匯校本共分上中下三冊，文章依時間順序排列，並按《汪精衛生平與理念》的標題劃分章節。第一冊由一九〇四至一九二七年，聚焦在汪精衛早期革命到擔任國民政府主席之經歷；第二冊從一九二八到一九三八年，見證南京十年間汪氏工作及其離開重慶；第三冊由一九三九至一九四四年，貫穿汪精衛和平運動到成立政府後的最末時光。

二、汪精衛書函、電報按其所寫之日期為準；政治論文按出版日期為準；演講、宣言、廣播、訓詞一律按發表日期為準。

三、本次匯校使用多種材料，包括報章、期刊、電文、公函、書籍等，資料出處一律附於每篇文章末處。〈國際問題草案〉、〈最後之心情〉文末另附本書編輯補充。

四、本書收錄汪精衛部份文章親筆手稿掃瞄，一律附於每篇文章末處，其原稿部份現藏於胡佛研究所圖書檔案館，何孟恆舊藏十五冊汪氏文集及其整理之工作則存於哥倫比亞大學東亞圖書館。

五、為方便閱讀，本書將統一部份生僻異體字，如「礮」轉為「炮」。

六、汪氏原有注釋以"（　　）"標示；本書編輯之補充說明及訂定，以"（不同字體）"標示。其他標點據時下用法，不另説明。

七、汪氏用語具粵語特色，如以「一曰、一曰、三曰」舉例，其意為「一方面、另一方面、再者」，此類用語一概保留。

八、如有手稿存世，文本、斷句當以手稿為準。

方君璧給何孟恆的這套書是汪精衛政論文集裝訂成冊的影印本，上面有方君璧的印章，也有何孟恆為校正文章而留下的字跡，是《汪精衛政治論述》資料來源的基礎，共十五冊，另有一冊為汪精衛詩詞集《雙照樓詩詞藁》。

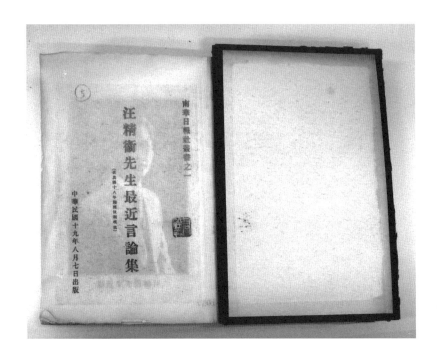

我們並不是不和不戰，實是可和可戰。
在最低限度之上，可以忍受，就可以和；
在最低限度之下，不能忍受、
毅然拒絕，就祇得出於一戰。

—汪精衛
本冊頁319–324

政治論述

四：南京十年
（一九二八至一九三七年）

覆駐法總支部函

一九二八年四月七日

汪精衛先生自馬賽登岸時，曾對馬賽日報記者談話，已於一月二十日在馬賽日報發表。自是以來，因肝病未愈，從事療養，絕少意見披露。惟最近駐法總支部一函，其議論主張，始終一致。中間發表密電十餘通，尤為國民革命重要史料。茲覓得原函全文如左。

留歐通信社識，十七年四月七日

中國國民黨駐法總支部諸同志均鑒：

項由褚同志[3]轉來三月二十日手書，捧誦再三，藉悉同志艱難奮鬥之經過，彌深敬仰；而諸同志對於弟個人責望之殷，尤所感奮。弟抵法後，因肝病未愈，從事療養，未得與諸同志相見，至以為憾。今讀手書，如獲面談。手書所垂詢者，及弟所欲言者，猝未易罄。茲寄上《最近演說集》一冊，倘承督閱，可知梗概。至去冬十一、二月間在上海所發表之言論，尚未彙刊。惟上海各報皆已登載，想承燭及，亦不多贅，謹撮舉大意如左。

一、本黨改組之精神

總理於十三年春間改組本黨，容共政策，亦於此時確定。惟容共僅屬一時政策，決不能謂容共即為本黨改組精神所在。本黨改組之精神，在於認定

---

3 褚民誼

三民主義為救國不二法門。欲求三民主義能實現於中國，則不能不使三民主義普及於民眾；欲求三民主義能普及於民眾，則不能不使黨員真能為主義而奮鬥；欲求黨員真能為主義而奮鬥，則不能不鞏固黨之組織、森嚴黨之紀律，使黨員之行動趨於一轍。此實為本黨改組之精神，有此精神，然後本黨乃得一新生命，此與容共無關。謂容共為改組精神所在，固謬；因反對容共，並改組之精神亦拋棄無恤，尤謬。此為弟始終一貫之見解，當先為諸同志告者也。

二、第一次代表大會以後奮鬥之經過

第一次代表大會以後，注重於組織與紀律，因此惹起跋扈武人及腐化分子之反動。蓋彼輩平日所以能寄生於本黨，全恃黨之組織鬆泛、紀律懈弛。改組以後，漸覺無所容足，遂不能不出於反動；然反對改組，自亦知其不可，遂不能不以反對容共為藉口。此等反動，總理在日，固已開始。及總理逝世後，其勢猖獗愈甚。如馮自由等之賣黨、楊希閔等之抗命，以及朱卓文等之謀殺廖仲愷同志，皆其例之最著者。

三、第二次代表大會前後之糾紛

弟等不忍總理逝後，其改組本黨之精神，亦隨以俱逝，故努力與此等反動分子為敵。幾次撲滅之結果，廣東全省遂告統一。然反動勢力，初不因以少熄。蓋上述反動分子，雖斂迹於廣州，仍屬聚於上海、北京等處，勾結帝國主義與軍閥，以謀傾覆廣東革命根據地。加以當時弟等方專心致志與此等反動分子為敵，遂使共產分子得以乘間抵隙、漸成坐大。於是又激起一部分忠實同志之不平，漸至對於共產分子為對抗的運動。此等忠實同志之心理，與上述反動分子不同。上述反動分子反對改組，而以反對容共為藉口；此等忠實同志則皆贊成改組，惟對於容共，則漸由懷疑而至於反對。自此等對抗運動，突起於廣東內部，於是廣東之革命勢力不免動搖，而反動分子益張其燄。彼等知廣東革命之勢力未易傾覆，則務謀離間之，以使之分裂。所

以「聯蔣倒汪」之口號,遂盛行於彼時。第二次代表大會雖已告成,而不久即有廣州三月二十日之事。

四、三月二十日以後

　　三月二十日以後,弟為保存革命勢力計,對於蔣介石同志採極端的退讓態度,使離間之徒技無所施。所以自四月去國,以至去年春間回國以前,弟無論在法、在德,皆閉門修學,絕未嘗對於黨務有所活動。此為消極態度所應爾,非僅原因於疾病也。

五、去年春間歸國以後

　　弟去年春間歸國之動機,因聞黨內糾紛日甚、勢將決裂,故歸而謀有以補救。三月八日由德抵俄;十二日自莫斯科啟程,經西伯利亞鐵路及航海;以四月一日抵上海。其時中央執行委員會第三次全體會議,已在武漢閉幕矣,甯漢分裂之勢已成矣。弟當時主張,在四月七日〈致李石曾書〉中已詳言之,既承鑒及,不復多贅。弟至今日,對於當時主張,絕無所悔。蓋當時中央黨部及國民政府皆在武漢,弟之不能不赴武漢,實所謂天經地義。弟以四月一日抵滬;六日由滬啟程;十日至武漢;十二日而滬、甯已舉行清黨。此在時間上,實使弟在武漢了無斡旋之餘地。天下後世,必能相諒。惟弟所歉然於中者,則弟赴武漢之結果,使同志間之裂痕更為深切,此則弟所無時無地不舉以自責者也。

六、赴武漢以後

　　弟以四月十日抵武漢;十七日中央黨部議決,免蔣介石同志職;十九日誓師北伐。第四方面軍總指揮唐生智同志,及第一縱隊司令張發奎同志,相繼率師沿京漢路入河南,與奉天軍閥作殊死戰。勝負未決,而楊森自西至、夏斗寅自南犯、東則江西又告急矣。當時武漢實處於四面包圍之中,而其內部之

糾紛，乃較十四年間廣州情形為尤甚，共產分子陰謀宰制本黨之面目，日益暴露。一般忠實同志，既不願背離中央、又不能坐視共產分子之猖獗而不為之所，皆有旁皇無路之苦。

弟於此時，與一般忠實同志深相團結，北則抵禦奉天之強寇、西南則剪除反側、東則杜下游之覬覦。軍事稍定，遂奮然而起，驅除共產分子。去年四、五、六、七月間之艱難苦鬥，實為弟生平動心忍性之尤。自問對於總理、對於黨、對於同志，固已「竭其股肱之力，繼之以忠貞」，而濟否則未敢知。此於〈夾攻中之奮鬥〉中，固已沈痛言之矣。

七、武漢分共以後

去年七月十五日，中央黨部決議分共，僅為和平的分離。倘當時共產黨人能不踰越中央所定之範圍，則未嘗不可在中央權力所及之地，取得在野黨之資格。及七月卅一日賀龍、葉挺在南昌叛變，中央始不得不由和平的分離而進於嚴厲的制裁矣。當時武漢已北抑奉天軍閥、西逐楊森、南逐夏斗寅，其勢可以專心東防。然自驅共以後，武漢同志對於南京同志四月間之非常措置，已能深諒。當時惟一希望，祇在能合全國忠實同志一致奮鬥，而其方法，則在開第四次中央全體會議，以確定此後之活動方向。

八、特別委員會之產生

中央第四次全體會議之被挫、特別委員會之產生，實為甯漢合作以後至可痛心之事、亦本黨至可痛心之事也。來書於此事本末，似有未察。然諸同志苟一檢，十一、二月間弟等所發表之言論，及吳稚暉等所發表之言論，當可知其概略。

當八月廿三日，孫科、譚延闓偕李宗仁由九江至南京；九月四日，弟等繼至。李宗仁等以為，欲開第四次會議，必須邀請甯方委員胡漢民、吳稚暉、蔡元培、張靜江、李石曾等共同出席，方足以表示甯漢合作之精神。其議

甚正，故弟等於九月八日即相將赴上海，邀請諸人。然胡、吳則匿不見面；蔡、張、李則堅持，若開第四次會議，彼等決不至南京。事勢至此，已成擱淺。於是西山會議派乘之而起，倡為特別委員會之說，欲以推倒第四次中央全體會議者、推倒第二次全國代表大會；而孫科則以此主張提出於談話會。

弟於此時，祇有兩途：其一、使談判決裂；其二、表示消極，使此談判無由進行，而徐圖挽救之術。當甯漢合作之始，談判決裂，於意有所未安，遂出於表示消極之途。故九月十五日南京之會，弟與多數中央委員皆未出席，而彼輩則悍然不顧，竟使特別委員會成立。弟等猶不願與之決裂，而從事於和平補救之進行。此皆當日實在情形，諸同志若以為當日弟之態度過於懦弱、加以責備，此則弟所甘受者也。

九、甯漢之戰

特別委員會之產生，全國同志一致反對，不獨武漢為然。惟武漢政治分會之強硬態度，實足為全國同志之聲援，而亦為南京特別委員會所深忌者也。於是南京特別委員會乃不得不處心積慮，以謀攻擊武漢。論者不察，乃以為武漢之戰，由唐生智同志進兵安慶、蕪湖，壓迫南京所激而成。吳稚暉於所作《贅言》中，尤快心言之。此實與當時真相，完全相反。甯漢合作以前，甯方軍隊，標榜西征；漢方軍隊，標榜東征，皆已見之事實。自八月間，徐州失守，孫傳芳軍直迫南京。甯方軍隊應接不暇，已無復西征之聲響。八月廿三日，李宗仁至九江，與弟及譚延闓、朱培德、唐生智、程潛諸同志相晤。其所表示，第希望漢方軍隊不復東進，俾甯方軍隊得專心應付孫傳芳軍而已。其時唐、程仍主東進，以為甯漢既已合作，則當共同禦敵；而朱同志則已慮及東進結果，必啟甯方軍隊之疑懼。故東進與否，成為弟等當時考慮之問題。遂決議先由譚延闓、孫科偕李宗仁東下，示甯方軍隊以無他。至於東進與否，則視此後情勢之需要，以為決定。譚、孫抵南京後，孫傳芳軍隊方渡江、猛攻南京。其勢甚危，譚、孫乃連電催兵東進，而朱同志至此亦不復異議。唐、程乃各率

所部，依譚、孫來電所示，東進赴援。弟行篋中攜有當時往來密電原稿，今抄錄於左：

九江汪主席並轉孟瀟、益之、頌雲[4]三兄鑒：此間何、李、白、賀、葉[5]均誠意結合一致，頃已商定。請孟瀟兄軍隊，集中蕪湖，並希望以一軍出含山，向津浦壓迫；以一軍為南京聲援，並以輪運為速。頌兄軍隊應如何接近南京，亦望酌定。敵人連日偷渡，頃在下游發生戰事。白在鎮江指揮，並聞。延闓、科。宥午（即七月二十六日）

九江汪主席：昨敵正在包圍繳械中，據俘虜云，敵軍有六師兵力。張宗昌正南下，日內必全線大舉渡河。此間決意反攻，亟望孟瀟兄速派兵由蕪湖、含山、定遠壓迫。望先覆電，以壯軍聲。至要。延闓、科。感午（即七月二十七日）

南京譚主席、孫部長：數日未得電報，正切懸念。頃接宥午電，欣慰兼至。已即照來電飭：三十五軍出含山，向津浦壓迫；三十六軍集中蕪湖；第二方面軍集中宣城，為南京聲援。如能由甯、滬撥招商[6]等輪開來九江，以便運輸，更為妥捷。請轉告何、李、白、賀、葉諸同志。汪兆銘、唐生智、朱培德、程潛。艷午（即七月二十九日）

九江汪主席，並轉孟瀟、頌雲、益之三兄：連電聞係大通有阻，此後請由無線電電示。現敵人仍在龍潭登岸，激戰甚烈。第一軍因介石下野，軍心懈弛；兼餘軍疲乏過甚，力量薄弱；惟恃七軍撐持。請孟瀟兄速派一部至蕪湖，向含山、和縣壓迫津浦南段，務須用船運蕪，從速運動，即覆。延闓、科。艷申（即九月二十九日）

---

4 唐生智，字孟瀟；朱培德，字益之；程潛，字頌雲

5 何應欽、李宗仁、白崇禧、賀龍、葉挺

6 商辦招商局輪船公司

九江汪主席，並轉孟瀟、頌雲、益之三兄：艷電奉悉。此間軍事甚利，敵前後有二萬餘渡江，已陸續繳械；現有一小部被包圍於江邊，本日可告肅清。逆敵全部計劃，以孫傳芳擔任津浦線東面、張宗昌擔任津浦線西面。我方兵力在津浦線西面者，稍形薄弱，合肥、六安等處，尤為空虛。懇以卅五、六兩軍出合肥，一出含山、和縣；第二方面軍集中蕪湖。則各方面可照顧，出擊甚易。同人等互助相商酌，意見相同，特電奉商。即祈裁奪施行，見覆為荷。譚延闓、孫科、李宗仁、何應欽、白崇禧。卅申（即九月卅日）

九江汪主席，並轉孟瀟、益之、頌雲三兄鑒：龍潭之役，今日已擊潰繳械，然敵謀未已。此間防戰，皆恃七軍，非我軍向江北壓迫，不能收功。李、何、白皆切望，弟意宜與以好感，一切皆易解決，請孟兄電劉、何兩軍注意。陳調元於頌兄極推重，力主第二方面軍亦至蕪湖，望派人聯絡。各部隊似可皆由船運，不必陸行，並望酌定。譚延闓、孫科。卅亥（即十二月卅日）

南京譚主席、孫部長，並轉德鄰、敬之、健生[7]三兄：今午奉卅午、卅亥[8]兩電，及偕敬之、德鄰、健生三兄卅申[9]電，至為佩慰。孟瀟、頌雲兩兄所部，因無輪運，陸行遲緩，深以未能夾擊渡江之敵為慮。集中蕪湖、宣城後，當即會同計定全盤計劃以施行，全線反攻合肥之敵，已令何部往援。為統一指揮計，皖北部隊，擬歸芸樵[10]暫行指揮，並聞。兆銘。世亥（即十二月卅一日）[11]

---

7 李宗仁，字德鄰；何應欽，字敬之；白崇禧，字健生

8 七月三十日、十二月三十日

9 九月三十日

10 何鍵，字芸樵

11 據《汪精衛先生最近演說集》所載，以上七篇電文無特定排列，今文特按時序重新鋪排。

　　總觀以上往來各電，可知漢方軍隊東進之原因。孫傳芳軍之破滅，固由於一、七兩軍之善戰，亦由於聞漢方軍隊迅速東進，勢成夾擊，故望風喪胆。至於孫傳芳軍中宣傳，謂唐生智已與彼合作云云。此乃敵方反間之常技，據以為信，雖愚者亦不出此，無待辯也。

　　孫傳芳渡江軍隊既已撲滅，而唐生智、程潛所部已陸續開至蕪湖、宣城一帶。此在唐、程，方以為所部當可俟全盤計劃訂定之後，加入全線反攻；不知在李、白視之，則以為前者望其相救，今者轉患其相迫也。倘使當時中央第四次全體會議能在南京開成，則黨有中樞，一切權力皆屬於黨、一切軍事行動皆取決於黨，此等枝節不成問題。無如當時中央第四次全體會議被挫、南京為特別委員會所竊據、武漢政治分會方起而矯正，勢成對峙。不先解決黨的問題，則軍事問題無從解決。

　　弟為此事奔走於滬、潯、漢間，直至十月十日始與南京代表孫科、伍朝樞等簽定條件於漢口。其全文已在報上發表，想承鑒及，亦不多贅。總其全文之大意，對於黨務，祇求中央第四次全體會議能開，執行、監察兩委員會能恢復，特別委員會不妨聽其如政治委員會之存在；對於軍事，則在集合甯、漢各方軍隊共同北伐。此條件簽定後，孫、伍攜至南京，得譚、程、李、白、何覆電之贊同。

　　弟方以為事已大定，黨務、軍事均可轉危為安，而不知當時南京對武漢之作戰準備，既已完全矣。溯其原因，約有數端。（一）李宗仁、白崇禧欲以桂系造成最大軍閥，前既藉武漢之勢力以去蔣，今並欲去唐。（二）譚延闓、程潛與唐有宿怨，故與李、白結合以去唐，其勢甚易。（三）唐與諸將多不協，勢成孤立。有此三者，特別委員會諸人，遂得以盡其挑撥離間之能事，速成甯漢之戰，藉以延特別委員會之生命，而阻中央第四次全體會議之進行。故弟對於甯漢之戰，實引為大戚，以為從此黨權墜地，武裝同志相斫成風。大

亂既成，不易挽救。關於此點，弟所為文字，除已發表者外，並錄密電數則，以備參考。

九江朱總指揮[12]：昨電計達，昨晨弟與哲生、梯雲[13]談話。弟堅持恢復中央執行委員會；哲生謂，如此則西山會議亦有中央執行委員會，亦須恢復。弟謂如彼等欲恢復，自然會在上海環龍路四十四號[14]開會，我等管不着。我等對於西山會議派祇能容納個人，不能承認黨部、更不能為西山會議派而拋棄第二次全國代表大會所選出之中央執、監委員。下午復約勵齊、孟餘、霽青[15]談話，弟等一致主張：（一）恢復中央執行委員會常務委員會；（二）特別委員會仍然存在；（三）規定常務、特別兩會之權限；（四）恢復監察委員會。哲生、梯雲允即夜攜此條件赴南京商量。弟今惟一之祈禱，我兄速與組安[16]、頌雲、德鄰、健生諸兄通電，請其贊成此四條件，俾第二次全國代表大會所組織之中央黨部，不致為一、二人所出賣。弟月餘以來，悲憤填胸，至此已忍無可忍。弟今力勸孟瀟退讓，與李、白誠意合作。惟中央黨部如不恢復，則此等合作，僅能使上、下游武裝同志不生衝突，於黨無關，弟亦不願與聞矣。總之現在第一要務，在恢復中央。乞兄明鑒，無任祈禱。弟兆銘。文（即十月十二日）

廣州李主席、張總指揮[17]：元[18]電奉悉。月前德鄰抵九江時，彼此誠意合作。及弟等到南京後，南京派與西山派結合，極力破壞第四次全體會

---

12 朱培德

13 孫科，字哲生；伍朝樞，字梯雲

14 為中國國民黨中央執行委員會上海執行部之舊址，於1925年被西山會議派所佔

15 王勵齊、顧孟餘、朱霽青

16 即譚延闓，字組安

17 李濟琛、張發奎

18 十三日

議，德鄰、健生無如之何。弟不得已而赴牯嶺，及來漢口。前覆琪翔[19]電，亦欲來廣州，因弟痛心於中央之覆沒，不忍亡命海外，故於國內求一立足地，以期恢復中央也。為今之計，乞兩兄與德鄰、健生堅決主張：（一）對西山派可容納其個人，不宜承認其黨部，（二）對南京派宜力勸其不可因遷就西山派之故，而反對第四次全體會議。至於恢復中央執行、監察兩委員會，尤為必要。特別委員會之存在，僅能如政治委員會。如因此為武漢派所主張而決心反對，甯遷就西山派以攻擊武漢派，則成為出賣中央矣。中央恢復，目的若能達到，弟當往何處努力，惟兩兄所命。惟此時長江上、下游軍隊，不宜搆釁，致為敵人所乘，併望兩兄思之。兆銘。刪（即十月十五日）

九江朱總指揮：頃孟瀟持示鐵夫[20]巧[21]電，稱六軍以兵力三團突向灣沚駐軍攻擊等語。弟力勸孟瀟忍耐退讓，並仍依原定計劃，飭蕪湖駐軍向江北撤退。此時上、下游黨軍內戰，徒為反革命者所笑、為軍閥所乘，有百害無一利。乞兄力持和平，斡旋此局，萬不得已保持中立態度，弟可負責保證孟瀟不以一兵擾及江西地面也。此時黨內，最少宜留三數忠實同志，勿捲入旋渦，以圖收拾。尊見如何，乞示。兆銘。皓（即十月十九日）

　　　以上三電皆在漢口時所發。

廣州李主席、張總指揮：弟應召回粵，茲已抵滬，有船即來。中央第四次全體會議，因上、下游戰事忽起，交通梗阻，恐難齊集，至為痛憤。面詳。兆銘。敬（即十月廿四日）

---

19 黃琪翔

20 劉興

21 十三日

廣州陳民政廳長[22]：（一）弟馬日[23]離漢，今午抵滬，有船即來。
（二）武漢銑[24]得南京允開第四次全體會議元電後，孟瀟已開始撤退皖
南、北駐軍。馬[25]忽得南京對武漢宣戰哿[26]電，孟瀟允弟仍繼續撤兵，
並聽第四次全體會議公判。（三）南京方面藉口用兵，以延宕中央第四
次全體會議，並延長特委會生命、擴大其威權，且對於反對特委會者示
威。粵既反對特委會，則亦為特委會所目為叛逆。粵中武裝同志，雖多
不懍孟瀟，然於此宜注意。兆銘。敬（即十月二十四日）

以上兩電，皆由漢口至上海時所發。

南昌朱總指揮：頃接上海轉來惠電，藉悉尊恉，無任欣感。此次南京討
唐，如係特委命令，則凡反對特委者，皆不能認為有效；如係武裝同志
自動，則必成混戰之局，更可寒心。默察情形，若不及早制止，則長江
以南各省，必變為四川。各以武力相勝，黨亡、國亦亡矣。惟兄圖之。
兆銘。東（即十一月一日）

以上一電，由漢口至廣州後所發。

關於甯漢之戰，其醞釀與爆發之經過，觀以上諸電，可得其概。戰事
既起，凡漢方一切宣傳，皆為甯所遏。故海外同志，未易知其底蘊。弟今作此
書，於此獨詳。至於上錄密電，原擬俟第四次中央全體會議開會時，提出報
告。乃會議未開，而弟已去國。今藉此機會，以貢獻於諸同志。

---

22 陳公博

23 二十一日

24 十六日

25 二十一日

26 二十日

十、廣州事件

廣州事件，一切發表之文字及事實，國內各報皆有登載，不如武漢方面。一為甯、滬截斷交通，即同世外。雖敵方宣傳，極其污衊之能事，然材料俱在，諸同志自能判斷，無待多言。

撮要言之，李濟深、黃紹雄之與李宗仁、白崇禧，一致行動，人所共知。張發奎在武漢時，雖與唐生智不協，然其反對特別委員會之決心，則正相同。唐既不容於李、白，則張亦必不容於李、黃。此為十一月十七日廣州事件之原因；而當張與李、黃作戰時，共產黨人乘間入寇，造成十二月十一日焚殺廣州市之慘變，則又至可痛心之事也。

張發奎對於此次慘變，事前之疏於防制，固當負其責任；然臨事應變之忠勇奮發，不出三日，即已蕩平，其心迹固已大白。李濟深等乘張發奎與共產黨苦戰之際，掩擊張發奎，以為共產黨作驅除，而猶誣衊張發奎為共產黨，舉其蕩平共產黨之事實謂之「花眼法」、謂之「苦肉計」，此真所謂欲以一手掩天下目者，固不值諸同志一笑也。

於此有一、二疑問當為諸同志解答者。

其一、李、白、李、黃諸人，與特別委員會之關係，究竟如何。

何以九月間贊成特別委員會之發生？何以十月及十一月間又贊成開第四次全體會議、取消特別委員會？何以十二月間又極力阻礙中央全體會議之進行，而與特別委員會諸人深相結納？離奇變幻，幾若無可捉摸，則請以一語說明之。

凡軍閥之特質，既欲割據地方，又欲把持中央；既欲獲取實權，又欲盜竊名義。而輕重緩急，則惟視其力所能至。當甯漢合作之始，彼輩勢力未成。若即開第四次會議以解決一切，則黨的中樞既已確立，彼輩將不能不受

制。故不如贊成特別委員會，以其名不正、言不順，不獨不能制彼輩，且樂於受制於彼輩也。觀其與唐生智戰，直至開戰之後，始請求特別委員會之追認，其心目中固未嘗知有特別委員會也。

及唐生智既敗，彼輩自以為勢力已成，莫之能抗矣，則又以特別委員會為名不正、言不順，不足以號令天下，故不恤取消之，而代以名正、言順之中央第四次全體會議也。及中央第四次全體會議不能聽其所為，彼輩遂不能不出於反對。嚮者北洋軍閥對於中央，即持此態度。今彼輩如此，直抄襲藍本而已，無足異也。

其二、吳稚暉、張靜江、蔡元培、李石曾等，與特別委員會之關係究竟如何。

何以九月間，極力反對中央第四次全體會議，而贊成特別委員會？何以十月及十一月間，又贊成開第四次會議，取消特別委員會？何以十二月，又極力阻礙中央第四次全體會議之進行？何以今年正月間，又列席於中央第四次全體會議？其離奇變幻，與李、白、李、黃諸人，如出一轍，則請亦以一語說明之。

諸同志當能記憶，十一年五、六月間，吳佩孚逐徐世昌迎黎元洪，以恢復國會、號召天下之際，蔡元培等曾聯名通電，請孫先生下野矣。當五月間，陳炯明免職之後，雖懷怨望，猶不敢為亂。及得蔡電，始藉辭發難，而有六月十六日砲擊觀音山之變。諸同志尤當能記憶，當十二年間，孫先生與陳炯明在東江作戰之際，吳稚暉曾以調人自任，倡為「陳炯明沒有孫文，便成為軍閥；孫文沒有陳炯明，便成為草頭革命黨」之怪論矣。彼輩心目中，知有武人、不知有黨，由來已久。

至於最近，而態度愈明。試觀吳稚暉於十一、二月間所發表之文字，隨在可得左證。而其〈讀了汪先生的兩件大事〉之文中，更暢乎言之，曰「若

三揖三讓，做個形式的開會，止是醜醜的辦法。就是武裝同志真正服從，忘了他也是委員，委曲聽命於七張八嘴。實則長衫同志大半觀望，不是瞻徇、就是搗亂，視武裝同志不是同志，直是異類。瞻徇者還當他強盜，以能順從為妙；搗亂者視他為軍閥，以能反對即得。這都是對於軍人非同志的辦法，軍人也不曾自己想『自己就是黨中柱石』的辦法。」又曰「若開會開出權來，就是槍斃我，也不承認。」又曰「就是把黨也交給武裝同志，幸而有凱末爾[27]其人；國民黨就算成功，不幸而有張作霖其人。就再讓第二個國民黨來，或竟讓共產黨來，免得不死不活，無疾而終。」其對於武人，阿諛逢惡，一至於此，宜其謂「黨軍可愛，黨人可殺」。

弟嘗痛心疾首，謂辛亥革命將告成功之際，章太炎以「革命軍起，革命黨消」一語了之；去年國民革命將告成功之際，吳稚暉以「黨軍可愛，黨人可殺」一語了之。嗚呼，黨且不在其心目中，則其視第四次全體會議與特別委員會，毫無所擇，又何足異。

十一、蔣介石同志之復職與弟個人之引退

當去年十二月初間，中央第四次全體會議在上海開預備會議之際，法定人數已足。其不能赴南京開正式會議者，以李、白諸人憑藉武力，盤據南京，為之障礙也。為排除此等障礙，乃不能不有「催促蔣介石同志繼續執行國民革命軍總司令職權，並負責籌備在南京開正式會議」之提議。

此提議初非苟且，當預備會議開會之際，蔣同志曾有告同志書。其言曰「今日非一致促成中央全體會議，速開正式會議不可。有不能犧牲個人之權位，而阻礙此全體會議者，吾人固所反對。即不能捐棄過去私人之情感，而消極抵制全體會議，亦無可諒恕。」又曰「國民革命之勁敵，決非軍閥與共產黨。惟武裝同志不能確實認識中央威權之必要與最高性，政客從而利用播弄，

---

27 凱末爾 Mustafa Kemal Atatürk

始為國民革命之致命傷。」又曰「吾人今日必須盡力促進武裝同志之覺悟，防止文人政客之搗亂把持。確定建立黨之中央，提高黨權、申明黨紀，然此皆非從速完成第四次全體會議不可。」其言之深切着明如此，諸同志讀之，知蔣同志真能為黨盡力。去年四月間之意見衝突，已完全消除，故有上述之提議。

至於弟之個人，以主張開中央第四次全體會議之故，備受反對者之攻擊。夫反對者之攻擊，初非弟之所畏。然李、白、李、黃諸人暨吳、張、蔡、李諸人，自去年四月以來，皆在南京與蔣同志歷經患難。今以蔣同志亦主張開中央第四次全體會議之故，對於開中央第四次全體會議，已不復反對，惟以蔣同志不與弟合作為條件。夫苟中央第四次全體會議能開，弟死且不恤，何有於引退。故於上述之提議一致通過後，即附帶聲明，決然引退，俾彼輩無所藉口。而蔣同志之負責籌備在南京開正式會議，亦減少困難。弟之引退雖類於消極，然實則積極以助中央第四次全體會議之進行也。

十二、弟個人對於黨之觀察

弟以為本黨改組之精神，此時實已岌岌搖動。

武人如李、白、李、黃輩，其所為較之第一次代表大會後之楊希閔、劉震寰等實有過之。在其指揮下之廣東省黨部，竟宣言不承認中央第四次全體會議矣；廣州政治分會，竟提議取消宣讀總理遺囑矣。

如吳、張、蔡、李輩，則又倡分治、合作之說。此與總理所手定建國方略、建國大綱、三民主義及第一次全國代表大會宣言，完全相反。彼輩之出此，若謂根據無政府主義，則與共產黨之謀篡本黨，有何分別？況其所言，純為迎合李、白、李、黃輩便於把持割據。與無政府主義相去，尚千萬里乎？彼輩既存此心，宜其疾視本黨之組織與紀律如仇讎，務欲破壞之以為快，與李、白、李、黃輩如出一轍。凡黨員中之稍欲保存本黨改組之精神、注重組織與紀

律者，皆被吳、張、蔡、李目為共產黨、準共產黨、共產黨工具，假手李、白、李、黃輩以捕殺之，惟恐不盡。

其結果，將使一般武人皆努力於跋扈；一般文人皆努力於無恥，以求免於共產嫌疑。於是本黨改組之精神消失淨盡，而本黨亦隨以俱亡。此誠吳稚暉所謂「不死不活，無疾而終」者也。猶幸中央第四次全體會議既已開成，其宣言中於組織與紀律再三注意。全體同志，若於此致力，未始不可轉危為安。是在勉之而已。

十三、弟個人之行止

弟之來歐，與來書所舉胡漢民、孫科、伍朝樞諸人，旨趣不同。元年以來，弟來法數次，皆欲求學，而皆以國事中輟歸國。病起以後，若能假以歲月，俾得從事研究，或於本黨主義、政策、理論、方法之進行，不無少有貢獻。望諸同志鑒此微誠。若諸同志不吝教誨，常相切磋，實所深願。此頌。

　　學安

　　　　　　　　　　　　　　　　　　　　　汪兆銘謹啟

出處：

- 汪精衛，〈覆駐法總支部函〉，《革命評論》第二期（1928年），頁25–36。

- 汪精衛，〈覆駐法總支部函〉，《貢獻》第二卷第九期（1928年），頁44–54。

- 南華日報編輯部編，《汪精衛先生最近演說集》（香港：南華日報，出版日期缺），頁203–233。

- 三民公司編，《汪精衛全集》第一冊（上海：三民公司，1929年），頁136–157。

- 恂如編，《汪精衛集》第四卷（上海：光明書館，1929年），頁1–6。

- 啟智書局編，《汪精衛文存》（上海：中山書局，1935年），頁338–357。

- 文化研究社編，《中國五大偉人手札》（上海：大方書局，1939年），頁286–307。

致中央黨部電

一九二八年五月十三日

中央黨部暨各同志均鑒：

　　此次挫辱，甚於二十一條，忍辱不可！訴之外交，僅能使人知是非所在。若欲雪恥圖存，惟恃國民團結自救。頻年軍事，雖獲勝利，而建設尚未着手，實為人心離散最大病因。建設之難，則由軍事緊急、財政悉供軍用，無復他顧。切望中央督飭北伐諸軍，迅速收復京、津，底定遼、瀋。此去困難，或較甚於山東，然當勇往勿餒。至於無事擁兵，宜由中央督飭軍委會、制定裁兵計劃，將各軍人數大加裁汰，移鉅額軍餉為建設用；並宜釐定軍制，剿匪付之各省、國防統於中央。充實軍備並永絕軍閥禍根，人民方能解除痛苦、團結自救。再者，以黨治國之目的在實行黨綱。全國人才，在黨外者，亦宜延攬，以集思廣益。謹此建議。汪兆銘。元[28]

出處：

- 〈汪精衛氏對中央的建議〉，《中央日報》（上海），1928年5月21日，版2。
- 〈公電〉，《申報》（上海），1928年5月21日，版8。
- 中山書局編，《汪精衛先生的文集》第三編（上海：中山書局，出版日期缺），頁248。
- 文化研究社編，《中國五大偉人手札》（上海：大方書局，1939年），頁327–328。

---

28 十三日

一個根本觀念

一九二八年七月十五日

編輯先生：

我今日接到上海同志寄來的一封信，裏面夾着五月廿三日及廿四日《民國日報》，言論題為〈書汪先生最近言論後〉，是吳稚暉先生做的。信裏面並說，其他各報皆有登載。我看了一遍，覺得關於一個根本觀念，不只屬於過去，於現在未來，都有關係。所以做出這一篇，請求貴報登載。想貴報既已登載吳先生的言論，則對於這一篇，也必不吝登載的。

吳先生的〈書後〉，是對於我復駐法總支部的信而發。我復駐法總支部的信，有一個根本的觀念，如下：

總理於十三年春間，改組本黨。容共政策，亦於此時確定。惟容共僅屬一時政策，決不能謂容共即為本黨改組精神所在。本黨改組之精神，在於認定三民主義為救國不二法門；欲求三民主義能實現於中國，則不能不使三民主義普及於民眾；欲求三民主義普及於民眾，則不能不使黨員真能為主義而奮鬥；欲求黨員真能為主義而奮鬥，則不能不鞏固黨之組織、森嚴黨之紀律，使黨員之行動，趨於一鵠。此實為本黨改組之精神。有此精神，然後本黨乃得一新生命。此與容共無關。謂容共為改組精神所在，固謬；因反對容共，並改組之精神亦拋棄無恤，尤謬。此為弟始終一貫之見解，當先為諸同志告者也。

以上關於一個根本觀念，用抽象的說明。如今更可以用具體的說明如下。

十三年春間，改組本黨以後，有幾件重要工作：

第一、總理所著的《民族主義》、《民權主義》、《民生主義》，以次出版。關於本黨主義的內容，至此已充實而明瞭。

第二、總理所著的《建國大綱》，已經公布。關於主義實行之方法及程序，至此已有切實詳細的規定。

第三、第一次全國代表大會宣言，指出國民革命之需要，及最低限度之政綱。

第四、重新製定中國國民黨總章，使本黨組織趨於鞏固、紀律趨於森嚴。

第五、注重於喚起民眾，「農、工、商、學聯合起來」及「扶助農、工」兩個口號，同時並行。

第六、極明顯的，指出帝國主義及軍閥為國民革命之對象，使民眾認識，誰是他的敵人，如何纔能得到民眾之解放。

改組以後重要工作很多，以上所舉，僅其犖犖大者。由這幾件重要工作，生出以下幾樣重要效果：

第一、本黨的主義政綱，切實宣傳，得到了民眾的了解，因而得到民眾的擁護。

第二、本黨的組織趨於鞏固、紀律趨於森嚴，於是革命分子得以認定方向、共同致力；而不革命、假革命、反革命分子，漸漸的在黨內無所容足，終於排除出去。

第三、黨的力量，及於政治、軍事各方面。從事政治的，有一種廉潔、勇敢的精神，來擔當責任、破除困難；尤其是從事軍事的武裝同志，能奮不顧身、為黨犧牲，所以能於數年之間，由統一廣東，而完成北伐。

以上是改組以來彰明較著的效果，無論何人，不能否認。雖然改組以來，有一段容共的事實，因此惹起黨內許多糾紛。但是黨的基本精神，並不因此搖動。分共以後，對於上述改組以後的幾件重要工作，應該照常進行。而且應該加倍努力，使國民革命，得以完成。方纔說得是圓滿效果、方纔不辜負總理改組本黨一番苦心，及無數已死、未死的同志之努力。

這便是我所說的一個根本觀念。

據五月廿三日《民國日報》所登載的吳先生的〈書後〉，所說的關於一些個人零碎的事，我只可在附錄裏來答復，不入正文。廿四日所說的總括起來，不外以下的幾個論點：

第一、總理被迫於共產黨，纔改組國民黨。

第二、總理受俄國越飛等甘言媚語的奉承，且樂得接受點物質的接濟。

第三、總理覺得共產黨那種水滴不漏的搗亂紀律，恐怕我們寬大的國民黨吃他不住，決意引入他們來幫同改組。

吳先生並且堅決的說道：「這是當時容共的真相，也是改組國民黨的動機，誰也不能否認。」

關於第一、第二的兩點，吳先生所說，完全和十三年間改組當時，黨外的陳廉伯、黨內的馮自由所說的一樣。對於總理之污衊侮辱，可謂達於極點。總理在十三年間，曾痛懲陳廉伯、削除馮自由黨籍。以此例彼，我們當作何感想；至於第三點，更是離奇。既然「覺得共產黨水滴不漏的搗亂紀律，恐

怕我們寬大的國民黨吃他不住」，如何卻又「決意引入他們來幫同改組」，這豈不是引狼入室？這種說法，看似離奇，實則仍然肆其污衊侮辱的技倆而已。

總理改組本黨之用意，有蔣介石同志所影印的手札，說得明明白白；還有十三年一月二十日，對中國國民黨第一次全國代表大會開會的訓詞；及二十日以後，在大會裏歷次的訓詞，也說得明明白白。這些訓詞，都是總理口說；同志筆記，經過總理訂定方纔刊行的。我們要知道總理改組本黨之苦心，只要細細看那手札和訓詞，便可明明白白，沒有什麼疑義。

總理很沈痛的說：「從前本黨不能鞏固的地方，不是有什麼敵人用大力量來打破我們，完全是由於我們自己破壞自己。」又說：「自民國成立以至於今日，還沒有完全達到這主義的目的，原因是在什麼地方呢？一是由於我們的辦法不完全，二是由於各位同志不能同心協力、一致行動。」到了閉會的訓詞，更是鄭重的說：「政綱和主義的性質，本來是不同的。主義是永遠不能更改的，政綱是隨時可以修正的。但是修改的時期至少都要一年，除非遇了很重大事情、對於政綱是發生根本變動的，我們臨時才可以召集特別大會去修改。由此便知政綱的修改，是有一定時間。因為預定了一定時間，大家進行的步驟，才有秩序、不至紛亂。本黨黨員從前看見政綱有不對的地方，做事就立刻和政綱相矛盾，這是本黨致亂之大毛病。」又說：「各位同志，以後縱然看見政綱有不對的地方、或者中途得了新見解、或者有特別聰明的人一時發見了政綱中有不合理的地方，都不可自作自為。如果一二人自作自為，便是亂了全黨的一致行動。」

我們看了這些又沈痛又鄭重的訓詞，可以看出總理之痛心，莫過於黨員之腐化。所謂腐化之最大特徵，便是黨員遇事隨便、自作自為，以致團體渙散、紀律廢弛，使主義、政策都無從實行、革命遂無成功之日，所以才決心改組。我們並可以看出總理當時已經洞見改組以後的糾紛，所以不惜苦心苦口的，預先諄諄告誡。我於今日重溫總理的遺訓，只覺得總理的精神面目如在目

前，從無窮的悲痛之中，生出無窮的勇敢。我深信全黨的同志、全黨忠實的同志，必能仰體總理的遺訓、繼續努力，決不致因一、二人之污蟻侮辱而搖動了信仰的。

　　吳先生第一個誤謬，在以改組與容共併為一談，以為容共即是改組、改組即是容共。遂將總理改組的苦心，完全埋沒；其第二個誤謬，在不知什麼叫做黨紀。須知道，黨的主義是規定黨的行動的內容、黨的紀律是規定黨的行動的法則。凡是一個黨，要有好主義，還要有好紀律。有了好主義而沒有好紀律，不能說是健全的黨；有了好紀律而沒有好主義，也是徒然。黨之有紀律和軍之有紀律是一樣的。帝國主義的軍隊，主義是壞透了，而紀律卻是好的，所以也能以無道行於一時。他將來的失敗，失敗在主義，不是失敗在紀律；反之，本黨的主義是極好的，卻因為沒有好紀律，所以民國以來，流離顛沛，得不到成功。總理改組本黨，就是以好主義為中心，而以好紀律為維繫。吳先生連紀律二字也沒有認識清楚，自然不能知道紀律的用處、自然將總理改組的苦心完全埋沒。

　　在第一次全國代表大會以後，總理的精神貫注於全黨。黨義的闡揚和組織紀律之鞏固森嚴，使全黨頓呈活潑嚴整的氣象，所以國民革命能夠積極進行。中間雖然因容共政策惹起許多糾紛，卻靠了本黨的組織紀律已經比較健全，所以卒能將共產黨驅除出去。

　　吳先生說國民黨自總理逝後，黨紀自「喪失」喪失，以至於無；又說，廣州中央黨部同國民政府搬往武漢以後，被共產黨把持，所以那時的黨紀，祇是共產黨的黨紀，不是國民黨的黨紀。我可以事實證明其不確：當去年七月間，中央黨部在武漢能決議，將共產黨實行驅除出去。可見得國民黨能執持黨權，以施行黨紀。不錯，本黨驅除共產黨出去，至少可以譬喻做在病人身上割去了一個惡瘤。但是割治之後，更應培養元氣，以抵禦本來的疾病、恢復以前的健康；不應自暴自棄，以自取其死。這就是說，本黨自驅除共產黨出去

以後，更應鞏固其組織、森嚴其紀律，使日益健全；不應還於改組以前的舊觀，使一般黨員遇事隨便、自作自為，再墮於渙散廢弛之惡習，以致「自己破壞自己」。

不能明白總理改組本黨的苦心、不能明白改組以後的幾件重要工作，和由這幾件重要工作所生出來的效果，則決不能明白為什麼改組以後、幾年之間，本黨就能由統一廣東，而完成北伐。如吳先生所說，改組的動機不過如此，而其禍害又已如彼，則試問本黨何以能有今日之進展？天下事沒有無原因的結果，吳先生當然歸着於黨軍之善戰了。唉，忠勇的黨軍，能奮不顧身、為黨犧牲，將吳佩孚、孫傳芳、張作霖等等軍閥以次打倒，這自然是本黨進展之一個重要原因。只是吳先生若舉以為本黨進展之唯一原因，那就無怪其然，謂「黨軍可愛，黨人可殺」了。

吳先生的論據，以為本黨今日之進展，是黨軍打出來的；而改組以來本黨之一切糾紛，都是改組以來黨人所幹出來的。這種論據，就是為「黨軍可愛，黨人可殺」下一注腳，也就是去年十二月間，主張「把黨也交給武裝同志」、主張「三揖三讓做個形式的開會，止是醜醜醜的辦法」的根本觀念了。吳先生絕不想想分共以前，黨人裏頭固然夾雜着共產黨，黨軍裏頭何嘗也不夾雜着共產黨？何以共產黨夾雜在黨人裏頭，便累到了「黨人可殺」；而共產黨夾雜在黨軍裏頭，便依然「黨軍可愛」？這兩句話已是不通，而這樣一來，黨軍也就以為黨即是軍、軍即是黨；黨軍以外更沒有黨，凡在黨軍以外的黨人，隨時隨地都是可殺的。這樣一來，連黨人也沒有了，還說什麼組織、什麼紀律，宜乎可以一齊拉倒。

吳先生還要扭扭捏捏的說，這是當時東南的流行語。就算我讓一百二十步，當是當時東南的流行語——吳先生，你何以對於這樣的流行語，不去矯正他，卻去稱引他？你就算是個述而不作，也就對於這兩句話拋不了責任。何況你一路的主張，都是以這兩句話為出發點呢！

　　吳先生，你已是六十多歲的人了。你應該記得，民國以來，軍閥不專是產在北洋，便是本黨裏頭也產過不少。你只看看，你前幾個月裏頭，所稱道為「豐功偉烈，百世之下猶令人思慕的」，如今不已是在武漢自相殘殺了麼？你所謂「相安一時」，其效安在？照今日這樣情形，如果裁兵與建設不能同時並行，每一個軍人擁着一支大兵、據着一個大地盤，還怕不製造出無數軍閥、重為地方人民之禍？

　　吳先生，你須知道，在好的環境裏，壞人也會變成好人；在壞的環境裏，好人也會變成壞人。你那些「相安一時」的主張，和聯省自治名異實同的「分治合作」的主張，都是引誘軍人入於壞的環境裏。吳先生，你切莫以為我有幸災樂禍的念頭。如果他們能治定、功成，他們只管恨我。我只管在海外，舉起手來，祝他們的健康。我只望他們好，並沒有望他們壞。吳先生，你如果將我這些年來和血和淚寫出來的文字，都當作個人的憤憤不平，那麼，你至少從前也白認識了我了！

附錄

　　以上正文已完，還有幾句話，附錄於後。

　　五月廿三日，《民國日報》所登載吳先生的「書後」，有幾句話，不能不辯正。

　　第一、吳先生說：「七月裏，正由馮煥章先生調停甯漢，汪先生不應於其時反寓書許汝為先生，要滬漢合作、共同制甯、造出特委會的惡因。這種密函，也可以發表麼？」我寓書許汝為先生是有的，但並沒有說「共同制甯」，尤其並不是「密函」。我於十月十六日，在武漢政治分會，曾公開的提出報告，茲括其大意如左：

關於黨的人才問題，「一切忠實同志，聯合起來」實為目前最緊要的一個口號。關於黨的組織問題，從前曾有兩個提議：第一個提議，是主張於第四次中央全體會議以前，先開一個預備會議，將非中央委員之重要同志，也邀請參加。關於一切重要事件，經過共同討論之後，纔開正式會議。如此，則以預備會議集中黨的人才、以正式會議鞏固黨的組織。庶幾法理、事實，雙方兼顧。這個提議，兄弟曾於八月間致許崇智同志一封信，詳細説過。九月間在南京、上海，亦曾説過，但被擯棄，不蒙採用；於是第二個提議，見諸實行，即是特別委員會之產生。

以上大意如此，要看全文，可檢我最近演説集第七十九頁至九十一頁。我如此公開報告，如何説是「密函」？更和「共同制甯」，渺不相涉。我如今反問吳先生，我何以不應致書許汝為先生？我心並沒有如吳先生，當分共是專利品；更沒有如吳先生，以為「分共祇此一家，並無別出」。我以為分共以後，一切忠實同志，聯合起來，是必要的。我致書許汝為先生，有什麼「不應」？我真不懂。吳先生不是自己承認是西山會議派麼？我致書許汝為先生，而吳先生説是不應，我真尤其不懂。

我當時所望於西山會議派的，是他們能矯正過去，補救將來。我後來和他們決裂，是因為他們所定的主張和計劃：（一）特別委員會推翻第四次中央全會及推翻第二次代表大會；（二）促成甯漢戰爭，以擴張特委會之威權及延長其生命；（三）造成一一二二的南京慘案，以致不能不和他們決裂。如果他們將來能有深切的覺悟，拋棄從前這般誤謬的主張和計劃，我對於他們任何個人絕不仇視的。我這種見解，至今無變。

第二、吳先生説「八月初，甯漢正謀合作，何以汪先生又送密書與李、白？一面，八月八日又讓唐生智本了反共倒蔣的大政策，把蔣同志罵得狗血噴頭。李、白諸位，就因之而請蔣先生歇歇。這種密函，也可以發表麼？」

這更容易分明了。李、白諸位，如今正是欲得我而甘心的。吳先生何不請他們將當日密書發表出來，看看裏頭有什麼不可告人的說話？

八月八日甯方齊[29]電、十日漢方蒸[30]電，是甯漢合作的始基。在這些日子以前，兩方豈但相罵？如吳先生等寒[31]電所說，「甯方尚留倒汪的殘帖，漢方又有罵蔣的新電。」並且一個西征、一個東征，幾乎相打。我和蔣先生當時各成了一方攻擊的目標，捱罵簡直不算什麼事。只是甯漢合作以後，漢方同志對於甯方，已不罵了；而甯方同志對於漢方，卻還今日要罵這個、明日要打這個。這纔是可詫異的啊！

我請吳先生發表所謂密書的時候，不能不預先說幾句話。便是最好將密書原本影印出來，一不要捏造、二不要割裂。我何以說這幾句話呢？因為我有些寒心。去年看見吳先生所作什麼〈贅言〉，硬生生的捏造我的說話，被我舉發，只得道歉；又硬生生的捏造何香凝同志的說話，被何同志舉發，並且提出這是張靜江先生的說話，於是吳先生又只得道歉，卻還支支吾吾的道是靜江先生說而香凝先生自言自語的複說的。及至何同志確實指出，連自言自語也沒有，於是吳先生頓口無言了。以此之故，我不能不有些寒心。吳先生是六十多歲的人，我不忍說壞他。只是他一種成見，以為政治是齷齪的東西。既然從事政治，則一切齷齪手段，都可使用，以能打到敵人為止。他這一種成見，是他一切造謠惑眾之根源。

第三、吳先生舉出十三年秋間，來往東江及廣州省城一段故事。這段故事，與我所謂「吳先生倡『為孫文沒有陳炯明，便成為草頭革命黨』之怪論」何干？當十三年秋間，總理率師北伐之際，曾有明明白白的命令。許陳炯

---

29 八日

30 十日

31 十四日

明悔過自新，並且將惠州圍城的駐軍撤退，以俟其覺悟。吳先生於此際往來奔走，何礙於事？而且這事是人人所知的。我所說的，是吳先生不應發什麼「草頭革命黨」的怪論。這種怪論，無非重軍而輕人，是吳先生一路的病根所在。吳先生所以自解的，是「至於說到無軍便算草頭，乃是吳稚暉的粗俗文調。要說得生辣可喜，就故弄此狡獪。語雖不敬，意實平常。素來自中山先生以次的朋友，無不原諒的。」不錯，吳先生平日對人開口「精蟲」「尿壺」、閉口「狐狸尾巴」的亂罵，落得個「語雖不敬，意實平常」。只是我忽然想起在報上看見吳先生陪什麼李將軍、陳將軍遊西湖，自比劉姥姥，那一副足恭面諛的神情說話來，我替吳先生難過！

　　以上我的話完了，吳先生的「書後」還未完。可是五月廿四日以後的《民國日報》，我至今還沒有看見，無從作答。只是如果也是這一類的話，我就恕不作答了。

出處：

- 南華日報編輯部編，《汪精衛先生最近演說集》（香港：南華日報，出版日期缺），頁235–254。
- 三民公司編，《汪精衛全集》第一冊（上海：三民公司，1929年），頁158–172。
- 恂如編，《汪精衛集》第四卷（上海：光明書館，1929年），頁35–49。
- 啟智書局編，《汪精衛文存》（上海：中山書局，1935年），頁325–338。

關於最近黨務政治宣言

一九二九年三月十一日

海內外各級黨部、各民眾團體、各報館均鑒：

　　中國政治，完全為封建勢力所支配。中國之社會與經濟，所以停頓於中古狀態、不能發展，亦由於國內封建勢力，與帝國主義者互相結托，以保其以暴力為基礎之統治權。十餘年來，各地軍閥，割地紛爭，無有寧歲。其所求即在擴充各個人之領域，在領域之中，任意支配人民之生命財產。徵兵拉夫，供其使役；抽捐加稅，備其聚斂；迫種鴉片，便其販賣；控制交通，任其勒索。而凡此種種，莫不以暴力行之。故封建勢力一日不剷除、割據之局面一日不終了，則國家統一必不可期、農工商業必不能發展、而全國之破產亦必日急一日。

　　欲推倒封建勢力，必須使人民起來抵抗暴力，拒絕作軍閥、官僚之掠奪品與剝削品。同時必須在此種運動中，將各界民眾團結於健全組織之下，依其共同的民族意識、與其各個的物質要求，造成民主勢力之基礎。本黨目前之使命，即在領導民眾，構成此民主勢力，以與封建勢力鬥爭。本黨以前之統一廣東，及北伐之獲得勝利，即為此政策節段之成功。

　　不幸北伐勝利之後，黨中腐化分子及投機分子，以為地盤已得、權力在手，遂避難就易、拋棄本黨主義、違反民眾要求、吸引黨外之反動勢力，以朋分自北洋軍閥手中奪來之政權。至人民之權利則一無所獲，生命、財產及自由毫無保障，一與北洋軍閥時代無異；政治集於官僚、人民不得參預，亦與北洋軍閥時代毫無不同。致數十萬兵士、黨員生命與數萬萬財產之犧牲，僅換得

極少數人之權利。此種只更換統治者個人而不更換政治制度之革命，實已失掉革命之意義。雖表面上，一切政令尚擁黨的名義以行，但實際上黨已不能代表民眾之意思，而每為軍閥、官僚所利用。

在民眾普遍的失望與悲哀之中，其一線之望，在本黨第三次全國代表大會之召集。以為真正代表民意之大會一開，或使真正民意可以表現、黨的危機可以挽回。乃現在中央歷次所決定之全國代表大會選舉法及各地代表產生法，益足促成本黨之官僚化，而使民眾絕望。依照該代表選舉法與代表產生法，將近百分八十之代表，為中央所圈定與指派。將本黨民主制度之精神，蹂躪殆盡。

本黨曾反對段祺瑞之善後會議，以其為少數軍閥、政客所操縱。今本黨最高權力機關代表之產生，亦與類似，其將何以自解於國人？且已正式成立之黨部，不得選舉自己之代表。無黨部之地方，反由中央任擇夙與該地方黨員、民眾毫無關係之人充數，則所謂代表者，已完全喪失其意義。若謂為防範共黨之計，選舉不可公開，則更屬欺人之談。

中國所以有共黨之患，其原因在軍閥、官僚之橫行，使中國政治不能入於正軌、使中國經濟不能向於繁榮。故共黨得乘政治、經濟紊亂之機，施其誘惑、鼓動之伎。今主持中央者，以少數人之私意蹂躪黨員與民眾之公意，而飾之曰防共。此與北洋軍閥以反共之口實，而反對國民革命者何異？此種防共之法，其結果恐益增共黨煽惑之機會而已。

革命為民眾之事，欲使革命不至完全失敗、欲使近年內戰與民眾運動之犧牲尚得保留相當之結果，則必須扶助民眾行使政權。惟建立民主政權，然後可以建立廉潔而有效能之政府、然後可以實現國家之統一、然後可以開始物質之建設、然後本黨之主義可以貫澈。須知北洋軍閥政府之所以成為萬惡之叢，匪獨其人不臧，實其背棄民主主義之軍閥、官僚的專斷制度有以致之。此種專斷制度，無論用任何名義，不宜倣效，以蹈北洋軍閥之覆轍。

　　本黨欲繼承總理之遺教，擔負中國革命之使命，惟有嚴防共產黨及一切反動派之利用與軟化、團結本黨革命分子、保持十三年改組精神、厲行民主集權制，使中央之意志，即為黨員之意志；中央之命令，可以指揮全體黨員之行動。然後黨的主張，乃可代表民眾要求；黨的力量，乃可摧毀封建勢力。

　　同人等忝為本黨中央委員，於已往本黨之官僚化，無力糾正；於本黨之被反動分子破壞，無力防止。對於本黨，深滋慚愧。一年以來，同人等被反動勢力之壓迫，不能預聞中央執行委員會之任何決議；而全體會議又被人破壞，不能按照議事規則進行。使黨的基礎完全破壞，以致釀成今日紛亂之局面。五次全會失敗以後，同人等之希望，惟在第三次代表大會之從速召集、本黨同志之真正意思可以從速表現，俾同人等之責任可以從早終了。

　　乃第三次代表大會雖然召集有期，而現中央所規定之代表產生法，又完全違反本黨民主之原則。同人等對此違法之代表產生法，雖屢次提出異議；而主持中央者，竟充耳勿聞。同人等深恐此種大會一旦開成，其結果，適與祝禱本黨鞏固與中國和平者之期望相反。同人等為遵守總理遺教，努力革命，對此種大會誓不承認。當此本黨陷於危亡、革命頻於失敗之今日，決不畏懼強禦！始終與本黨忠實同志共同奮鬬！並望全體同志共起圖之！特此宣言。

汪精衛、陳公博、恩克巴圖、顧孟餘、柏文蔚、何香凝、王法勤、
白雲梯、王樂平、朱霽青、陳樹人、陳璧君、郭春濤、潘雲超
中華民國十八年三月十一日

出處：

- 汪精衛等，〈關於最近黨務政治宣言〉，《民意週刊》第二、三、四期合刊卷（1929年），頁112。

- 三民公司編，《汪精衛全集》第一冊附錄（上海：三民公司，1929年），頁15–19。

- 啟智書局編，《汪精衛文存》（上海：中山書局，1935年），頁321–325。

本黨總理孫先生逝世日感言

一九二九年三月十二日

本黨總理孫先生逝世，轉瞬已四年了。

由今年的三月十二日，追想到十四年的三月十二日；更追想到十三年十一月十三日，孫先生由廣州出發去北京時的情形；十四年一月一日，由天津扶病入北京時的情形；一月二十六日，醫生宣告病狀不治時的情形；以及二月二十四日將立遺囑時，歎息說「我死之後，敵人必然要軟化你們」的神色和語氣；以及三月十一日早晨，舉着已經乾枯的手腕來簽名於遺囑時的情形；以及三月十一日下午至三月十二日上午未絕氣時，「和平」、「奮鬥」、「救中國」斷斷續續的聲息，真使我們悲痛交集。

從表面說，至於今日，北洋軍閥已經打倒了、中國已統一於本黨治下了、孫先生的遺志可說是貫澈了。從實際說，孫先生所以要打倒北洋軍閥、所以要以黨治國，其目的在於實行三民主義，使中國一般人民得到生存發達的道路和保障。為這目的之障礙的，是帝國主義；做帝國主義之走狗的，是軍閥及其他一切依附軍閥的各種人民蟊賊。所以為實行三民主義計，不能不先將這些障礙物掃除。然則，若要知道孫先生的遺志是否貫澈，必要看看現在這些障礙物是否已經掃除。如果這些障礙物沒有掃除，則三民主義之建設無法開始；孫先生的遺志，便不能說是貫澈。我們從實際觀察之後，我們祇有悲痛、祇有失望。我們覺得今日實際的現狀，不但孫先生的遺志沒有貫澈絲毫，並且正向着相反的道路來進行。

對於帝國主義呢，孫先生在十三年八月裏曾經宣言「從前的革命口號，是『排滿』；如今的革命口號，是『反對帝國主義』。」孫先生逝世後，十四、五年間，雖然國民政府局處於廣州一隅，還能對於英帝國主義作長時期之抵抗；十五、六年間，雖然在進行北伐。軍事匆匆之際，還能收回漢口、九江英租界。對於世界各國，明白表示國民革命之目的，沒有一些閃避和畏怯。卻是自從十六年秋間，甯漢合作失敗以後，革命勢力，受不絕的打擊；反對帝國主義之進行，也因而停止。在十七年間，我們看見隨便某一個地方長官，都可以隨便向某一個帝國主義，做出種種獻媚的勾當。反對帝國主義的口號，已經被什麼「親善」等等字眼代替去了。甚至五月間，日本帝國主義所幹出來的空前的濟南事件，也被什麼「鎮靜」硬把國民革命的精神面目「鎮靜」下去。十五、六年間，舉全國人民的血汗，使帝國主義在中國的勢力被反抗而至於動搖；而在十七年間，卻使之由動搖而復歸於穩定，如今且繼長增高起來。

對於軍閥呢？孫先生在十三年十一月裏明白說過「北伐之目的，不僅在覆滅曹、吳，而在曹、吳覆滅之後，永無同樣繼起之人。」如今呢？割據的局面已經形成。兩湖、兩廣等處擁兵自衛、食民自肥的形態，較之從前所謂軍閥，不祇同樣繼起，還要加甚。在這種形態之下，人民的痛苦，如水益深、如火益烈。究其原因，至簡單也至明白，無非擁兵愈多、則食民愈甚。看那一處人民痛苦的情形，祇要看那一處軍隊增加的數目，便可得其比例。在這種形態之下，那些依附軍閥的人民蟊賊，還不斷的湊趣，說什麼「索性把黨也交給武裝同志」。這種說法，比較起從前捧北洋軍閥的進步黨、捧西南軍閥的政學會，還要肉麻。因此現在的軍閥對於政治的手腕，比較從前的軍閥，也就高明得多。從前的軍閥，對於國會憎厭、憤懣。所用的手段是壓迫摧殘，拙劣極了；如今的軍閥，對於黨，有時也用壓迫摧殘的手段，有時卻偷摸撮弄、轉形變性。種種把戲，無所不有。

在這種帝國主義勢力復興的時候、軍閥得志的時候，大多數人民的生命自由，供其犧牲，自不待言。我們看見四萬萬民眾裏頭，三萬萬九千九百九

十餘萬的勞苦民眾。從前揮其血汗以求國民革命之成功的，如今祇有繼續的將血汗壓榨出來，供不滿十萬的軍閥及其一切寄生蟲之過度的佚樂。勞苦民眾如農、工等，自然不能為解除痛苦而有所行動或有所主張。即商人之被苛捐雜稅、勒索的層層胺削，學生之不能得到安心求學的機會，亦較之北洋軍閥時代，還要加甚。一切民眾，對於切身問題有所表示者，便被指為共產黨或共產工具。兩年以來，不明不白的，不知坑了多少青年，卻還未滿那些軍閥及其一切寄生蟲的「血渴」。唉，孫先生十三年以來改組本黨之目的及精神，已毀滅無餘了；國民革命，的的確確受了摧殘，至於夭折了。我們於孫先生逝世的紀念日，追想從前種種、觀察現在種種，什麼「悲痛」、「失望」等等字眼，何足以形容我們的心情於萬一。

我們應該怎樣？我們應該怎樣的往前進？這是一般同志所鬱結於胸頭，而不期然而然的同聲發出的一個問題。這個問題，是熱烈的、是至誠的、是目前最要緊回答的。

我們要回答這問題，我們必須知道，孫先生為本黨所定的主義和方略，完全是對的；十三年改組本黨之用心，完全是對的；因此一般革命同志遵孫先生之指導而努力從事，也完全是對的。孫先生之創設本黨，和十三年之改組本黨，其最大精神，在將黨建築於大多數人民利益之上，為大多數人民之利益而奮鬥。這種精神，不但在主觀的各人良心上，是完全對的；便是在客觀的革命環境上，也完全是對的。從來所謂革命，無非為大多數人民，即一般勞苦人民之利害迫切而發生。中國以前的革命歷史，表面上看似英雄之爭鬥，實際上全是因為大多數勞苦民眾沒有生路、迫而出此，不過結果為英雄所竊得便了。

十八世紀的歐洲大革命，本來是一般勞苦人民對於君主、貴族而反抗。所謂民權，實際上說，無非以之為人民生活、經濟之保障。不過其結果為一部份人所壟斷，和從前所謂英雄一樣，但已是比較的進步了。在今日歐洲中，無論如何保守性的國家，其勞苦民眾政治上之地位，都已有顯明的增進；

因之其經濟上之地位，也都已有顯明的增進。所以革命如果不從勞苦民眾着想，不為勞苦民眾解除痛苦、增進利益而奮鬥，則無所謂革命。孫先生嘗說，我若不為「民生主義」則不必革命，正是這個道理。辛亥革命的時候，宋教仁等不明這個道理，所以要求孫先生暫且不談「民生主義」；十三年改組的時候，一般腐化分子，不明這個道理、或者故意違反這個道理，所以拼命的反對改組。一般革命同志，既然認識清楚在主觀的各人良心上、在客觀的革命環境上，努力的方向是完全對的，那麼我們只有努力，我們只有繼續的努力、繼續的往前進。

我們過去的工作有錯誤沒有呢？當然有的。無論那一個革命同志，其過去工作都不能完全沒有錯誤。自以為沒有錯誤的，不是自欺、便是欺人。每一個革命同志，都應該冷靜的檢閱過去的工作、誠實的承認錯誤、勇敢的糾正錯誤；可是每一個革命同志都應該知道，過去的錯誤是在行動、不是在方向。不承認行動上有錯誤，固不可；以行動的錯誤，為方向的錯誤，尤不可。舉一個例來說，本黨在容共時代，一般革命同志對於共產黨人，在本黨以內的工作，忠厚待人，往往不免於失察，這是錯誤的。可是這只是行動的錯誤，只要察覺之後，把共產黨人驅逐出去便是了。若是分共以後，連民眾運動也要懷疑起來，說這是共產黨的方法，忘記了本黨的使命是為一般勞苦民眾而努力，這便不是矯正行動，直是轉移方向，由革命變為反革命了。所以一般革命同志，在今日要認準方向，並領導一般民眾；認準方向，努力的繼續往前進。這個方向是孫先生生前所指示於我們，完全沒有錯的。

一般革命同志在十三年改組以後，開始對腐化勢力作戰。摧陷廓清的結果，廣東革命根據地得以統一、北伐得以進行。在十六年以後，除了對腐化勢力作戰之外，還要對共產黨惡化勢力作戰。一般革命同志，便陷於夾攻的形勢中了。革命進行，因以蹉跌；一般革命同志，也因以受重大的損失。當時我們主張在此夾攻的形勢中，應從事整頓革命同志的隊伍。其整頓的方法為甄別人才、清釐理論。我個人於十六年冬間，被迫去國，不能從事工作，至為痛

心。但是十七年間，一般革命同志，卻於整頓上得了不少的成績，這是從國內外革命同志所發表的理論和行動上，可以看得出來的。所以十七年間，一方面雖然是反革命勢力復興，而另一方面卻是革命勢力之團結。我們今日最大的工作，不外乎此。革命勢力之團結，由鞏固而發展，則定能為一般民眾，從腐惡勢力的夾攻中，殺出重圍，以博得最後的勝利。

甄別人才和清釐理論，雖然是兩件事，其實還是一件事。革命同志之團結，因於理論之趨於一致。關於理論方面，已有孫先生的《三民主義》做了基礎。我們今日想闡明三民主義之理論，其最要方法，還是注重於條理。舉個例來說，耕者有其田是孫先生關於農民問題所決定的根本主張。但這只是根本主張，還沒有具體條理，這可從孫先生在十三年八月二十日對於廣州農民運動講習所之訓詞中看出來的。孫先生定了耕者有其田的主張之後，把詳細的條理、規劃，付之一般同志。而一般同志未能即將條理、規劃，詳細訂定，所以後來共產黨人得乘之。徑以共產黨的農民暴動沒收土地的方法，施之本黨統治所及之地；而腐化分子又得乘之，徑將農民問題一筆抹殺，甚至對於耕者有其田的主張，也認為共產黨的宣傳了。我舉這一個例，來指出革命同志被夾攻之由來，自信最為明顯的。而革命同志要在被夾攻中得到勝利，其應採之方法，也就於此可見。

如今有一種人，對於三民主義，全不想到怎樣去行好，只知道發些空空洞洞的議論。名為將三民主義抬上天去，實則將使其不能適用於人間。我們必定要將三民主義變成菽、麥、布、帛一樣，供給一般勞苦民眾享受，纔真是三民主義的信徒。

以上是我對於孫先生逝世日的感念。

出處：

● 三民公司編，《汪精衛全集》第一冊（上海：三民公司，1929年），頁190–198。

● 中山書局編，《汪精衛先生的文集》第三編（上海：中山書局，出版日期缺），頁222–230。

中國國民黨第二屆中央執監委員會
討伐蔣中正宣言

一九二九年九月二十四日

　　數十年來，中國外受列強帝國主義之侵略，已陷於次殖民地之地位；內則反革命勢力受帝國主義之卵翼，犧牲國家民眾之利益，以維持其專制政權。辛亥革命以後，繼承專制遺毒之軍閥更肆其淫威、逞其剝削，遂致經濟破壞、政治渾濁。貪污之官吏、武斷之豪紳，苛歛橫征，甚於猛虎。民眾之痛苦益甚，國家之地位陵夷。吾黨同志追隨總理孫先生之後，知非有有組織、有訓練之政治團體，依於救國之三民主義、為國民前驅、向帝國主義軍閥堅決奮鬥，則國家之自由平等，不可得而期。於是本黨在民國十三年改組成立以後，建設革命政府於廣東、訓練黨軍、出師北伐，以解放全國民眾於痛苦之深淵。故本黨早有宣言，「北伐之目的，不僅在覆滅曹、吳，尤在曹、吳覆滅之後，永無同樣繼起之人。」不意舊軍閥之曹、吳既滅，而本黨之叛徒蔣中正竟直追曹、吳而繼起。溯自民國十五年、本黨誓師北伐以後，賴民眾之擁護及革命將士之犧牲，短時期內，革命勢力已直達長江；更依友軍之響應，指顧之間已度越黃河流域。彼蔣中正習於專制、私利是圖，首內啟本黨之紛爭、復外援帝國主義及國內反動勢力以自固。嘯聚羣小、把持政權；摧殘民眾、排除異己。委員等及革命同志，雖舉全力以與之奮鬥，為時二年；乃蔣氏不惟毫無覺悟，且其專制之野心、篡黨之陰謀、賣國之行為、殘民之罪戾，益悍然而無所顧忌。迄於今日，國家地位淪落日亟、民眾痛苦如水益深，殆將使民眾疑革命之不足救國、痛本黨之不能施政。此委員等及本黨革命同志，所以不獲已而誓加反對者也。

　　本黨奉總理孫先生之三民主義，因應時勢、揭櫫政綱，期以革命民眾之勢力，躋中國於自由平等地位；發展生產，改善民眾之生計；扶植民權，促成全國之自治。凡此諸端，皆昭然在國人耳目。然徵諸年來蔣中正之所為，則無不與之相反。

　　（一）本黨對於政治之最小限度主張之一，為建設廉潔政府。而蔣中正獨裁之下，官僚之貪污，較之革命以前、滿清舊制，實有過之無不及。賣官包稅、行賄營私，凡舊官僚之所不敢為者，莫不層出累見於蔣氏政府。

　　（二）釐訂考試制度，並擴張罷免選舉之權，以重官吏之人選，早揭為本黨之政綱。乃蔣氏政府，事務官之進用，多為政務官之戚屬；政務官之進用，又多為新軍閥之親私。納賄賣官，恬不為恥。彼把持中央之財政，販賣上海、南京之地皮，皆新軍閥之近戚也。

　　（三）禁止額外征收，廢絕苛捐雜稅，皆本黨政綱所當行。財政公開，尤為要舉。而蔣中正以宵小近戚，壟斷財政中樞、囊括稅收，以供揮霍。國用不繼，公債濫行，自去年蔣氏復職以來，總額已逾三萬萬。乃復藉口編遣，於最短期間，逼迫商民，舉債七千萬元。其用途非供內戰之用，即入私囊之中。且蔣政府成立以後，國家收入，以數萬萬計。預算既不制定、用途復不公開，如何開支，無從查考。蔣氏總司令部之帳目，尤為不可告人之秘密。江浙為中國財富之區，在此種情形之下，不逾一年，經濟已瀕破產；北方饑饉，災民達五千萬人，國力耗竭，不能相救。言念之下，可為痛心。

　　（四）革命民眾之自由權，非依法律不受剝奪，本黨政策定有明文。自蔣氏政府設立以來，藉口於肅清反革命而非法屠殺、非法沒收，以供貪官污吏、土豪劣紳之宰割敲剝以自肥者，不知凡幾。藉口以黨治國，遂其個人獨裁。凡其所為，決非本黨民權主義之所許也。

　　（五）裁兵為總理所曾堅決主張，其用意在防制軍閥，紓減民困。而蔣中正則屢以編遣為口實，一方面括剝民財，他方面裁減異己。冒編遣之美

名、充個人之武力，私購大批軍械；倣袁氏故智，練教導隊。處心擅國，行跡昭然。

（六）建設為本黨重要政策之一，然而建設之實施，必適合於中國國民經濟切迫之需要。蔣氏政府年來所高唱之建設，殊不如此。其用意一方面在抑制革命民眾、掃除封建遺孽之要求；他方面在粉飾外觀，舉行國債。如無線電台之廣設、民用飛機之試用，皆與中國目前生產事業之需要，不能相應。其結果多設機關，耗費民力；借用外債，斷送國權而已。

（七）撤廢不平等條約所定之特權，與列強重訂平等互尊主權之條約，為當今救國之急務。蓋列強之特權一日存在，則國內之生產事業不能發達、司法制度不能健全、行政系統不能完整。乃蔣中正欲藉外交關係，以保持其個人之地位。與列強修訂條約，一概許以無條件之最惠國條款。辱國喪權，莫此為甚。近來雖向各國提出通牒，要求撤廢領事裁判權；而蔣政府實際之設施，則破壞司法制度，無所不用其極。如非法之逮捕、殘忍之刑訊、私擅之殺戮，層見迭出，授列強以口實、損中國之國體。

（八）尤有進於此者，濟南之五三慘案，為日本對我國最猙獰之侵略行為，舉國民眾莫不憤激。蔣中正則不獨不領導國民一致奮鬥，反秘密訂約、許日本以多種之利權，使膠濟鐵路淪為南滿第二。數年來國人誓不承認之西原借款，為段祺瑞所不敢負責清理者，蔣中正為一己之私利而一朝承認。

（九）凡此類詭秘自私，專制獨斷之行為，指不勝屈。而蔣中正所引以自解者，曰在此訓政時期，人民無管理政府之能力也。夫本黨所謂訓政，其主旨在領導民眾行使民權，完成自治。在此時期，革命民眾不獨有選舉並罷免地方官吏之權，抑且得選舉代表以參與中央政事，《建國大綱》定有明文。故本黨之訓政，乃使民眾於行使民權之中，訓練自己；決非壓制民眾，不許與聞政事，而一任官僚軍閥之橫行也。蔣中正毫無扶助自治之誠心，抑制民眾無所

不用其極。年來民眾痛苦所以日深、軍閥官僚所以益肆，皆蔣中正曲解訓政之所致也。

（十）蔣中正既破壞本黨政綱、曲解本黨主義，則勢之所至，必處心積慮以破壞本黨。自第二屆中央四次全會以後，彼無日不唯此是圖；五次全會開會以來，更明白改廢本黨為國家民眾謀利益之政策。洎所謂第三次全國代表大會舉行，則本黨組織之精神完全毀滅。蓋本黨之使命，在領導全國革命民眾以與帝國主義軍閥作不斷之鬥爭；故本黨之組織原則，取民主集權制度。集權，所以厚集革命勢力；民主，所以實現全國革命民眾之要求。且唯有民主制之政治集團，始能建設民主政治也。乃彼所謂第三次全國代表大會者，代表百分之八十出自蔣氏之指派或圈定；各地黨員之所選舉，不過百分之二十強。此種個人御用之會議，在中國捨袁世凱稱帝之先所召集之國民代表會議，無可比擬。專制思想之流露，至於此極。此委員等及本黨革命同志所以繼總理討伐曹、吳之精神，而誓加聲討者也。

夫國民革命之目的，在求中國之自由平等。蔣中正之所為，皆所以破壞中國國民平等、自由之幸福與希望。中國國家民眾之利益、本黨政綱政策之規定，皆淪於毀滅。而其代價則為繼承昔日專制思想之個人獨裁，勾結帝國主義以與國民革命為敵。凡我同志，自當相與激勵。為三民主義、為國民革命、為國家民眾利益，奮起集中。以無上之努力，掃除此革命之障礙、殲滅此黨內之叛徒。委員等誓從諸同志之後，以下列之步驟，從事奮鬥。

一、中國國民黨第二屆中央執監委員會行使職權，改組國民政府。

二、籌備召集中國國民黨第三次全國代表大會，繼第一次、第二次全國代表大會之後，遵守總理遺訓，樹立對內、對外之革命政策。

三、否認偽三次全國代表大會以後，蔣氏中央黨部國民政府之一切命令決議案。

四、蔣政府為維持個人之地位、供給個人之賄買揮霍、出賣國家之經濟利權所訂立之一切秘密條件，一概否認。

五、反對蔣政府最近為供內戰之用發行之七千萬編遣庫券。

於此猶有為國人告者：本黨之使命，在建設統一之民有、民治、民享之國家。故滿清之君主獨裁、民國以來之軍閥割據，中央之官僚政府、地方之豪紳統治，皆為本黨之敵。年來蔣中正依於挑撥國軍，維持均勢；援引反動，培養私力。所粉飾之虛偽統一、所建設之反動政權，皆所以斷送國家、摧殘民眾，決非本黨之所期。故委員等及本黨革命同志，毅然繼總理領導本黨推倒滿清、反對軍閥之精神，誓加否認。

而委員等所當鄭重聲明者：戰禍之開，開於蔣氏偽三次全國代表大會之時；戰禍之熄，必待蔣氏既倒之後，尤在於蔣氏既倒之後，永無同樣繼起之人。故此次對蔣中正之抗爭，在本黨方面，為組織及綱領之所關；在國家方面，則為民主與獨裁之所繫。委員等所致討者，雖為個人；所爭取者，則為政制。應使此次抗爭之結果，依黨治而深植民主之基礎，使獨裁、專制永不復現。革命民權，依法保障；地方自治，剋日完成；國家政事，參於民眾。然後有力與帝國主義相抗衡，以自立於今日之世界。所望革命民眾一致興起，為本黨之革命綱領而奮鬥，亦即為自身之幸福而奮鬥也。

中國國民黨第二屆中央執、監委員會委員
汪精衛、陳公博、王法勤、柏文蔚、朱霽青、白雲梯、王樂平、
顧孟餘、陳樹人、陳璧君、潘雲超、郭春濤
中華民國十八年九月二十四日

出處：

- 汪精衛等，〈中國國民黨第二屆中央執監委員會討伐蔣中正宣言〉，《革命戰線》，第六期（1929年），頁2–6。

- 汪精衛等，〈中國國民黨第二屆中央執監委員會宣言〉，《中央匯刊》第一期（1929年），頁80–81。

黨治之意義

一九三〇年一月十一日

在瀰漫全國的倒蔣高潮中，我們可以看見顯然不同的兩派：甲派是倒蔣以後，勵行黨治；乙派是倒蔣以後，趁勢推翻黨治。

依甲派的意思，蔣之有害於黨，有如毒微生物之有害於人身。必須將蔣除去，始能使黨歸於健全；依乙派的意思，老早就厭惡黨治。所以將蔣的罪惡都推在黨治身上，希冀趁着倒蔣，將黨治也根本推翻。

推翻黨治以後，怎麼樣呢？不出以下兩種局面：

其一、回復民國十二年以後之北方局面。最理想的，也不過軍閥角立、「相安一時」。而所謂「相安一時」之真正解釋，是軍閥們經過第一次混戰之後，必須略事喘息，始能再發生第二次混戰。

其二、回復民國十二年以前之局面。國民黨以外的人，便去組織甚麼統一黨、共和黨、進步黨，以至其他各種各色；即國民黨裏頭的人，也不免有些自願將國民黨的革命性抽去，而做其中各種各色之一。其結果呢，十二年間，八百議員做了豬仔，便是榜樣。

革命歷史告訴我們，凡是一度革命之後，必須將革命政權樹立鞏固，將一切反動勢力根本肅清，方能將革命事業由破壞導入於建設。這種道理，決不能得懷疑黨治的人們的諒解，但是黨治決不是突然發生的。民國十二年豬仔

議員結果了國會之後，全國政治，人人都感覺到沒有出路。所以十三年九月、孫先生出師北伐的時候，宣布建國大綱，並在前文裏說明黨治之必要。

懷疑黨治的人們動不動説，黨治妨礙民權。我們已經幾次的將黨治正所以培植民權的理由，詳細説過，如今再舉最簡單的一例。孫先生於十三年九月宣布建國大綱以後，跟着在十一月裏宣布開國民會議的主張。至今有人議論，開國民會議是與黨治相矛盾；甚至有人議論，開國民會議即是取消黨治的。這都由於不知開國民會議與黨治之關係。

我們於此，必須知道，孫先生所主張的國民會議，和段祺瑞所主張的善後會議，其不同究竟在甚麼地方。孫先生所主張的國民會議，其構成分子，為現代工商業者，商會、農會、工會、學生會、教育會、自由職業團體等等，質而言之，便是所謂「站在生產事業中間的民眾」；段祺瑞所主張的善後會議，其構成分子，為各軍閥的代表、各著名官僚、各「賣淫主義」的學者，質而言之，便是所謂「民賊」。所以孫先生的國民會議如開得成，則國民黨的主義和根本政策，必能在會議中得到大多數的擁護而通過。從此，國民黨的主義和根本政策，得國民一致的堅決承認而熱烈實行，以完成國民革命事業；反之，段祺瑞的善後會議開成，其結果不過為各軍閥分贓，而官僚及「賣淫主義」的學者從旁揩油。

黨與民眾之關係，我們已經詳細説過。黨是在民眾之內的，並非在民眾之上，尤其非在民眾之外。黨何以能在民眾之內呢？因為黨之目的，是為全國被壓迫在下層之大多數民眾而奮鬥，根據着此大多數民眾之要求，製就一定之主義及根本政策。先從此大多數民眾之內，將最覺悟的分子集合起來，訓練之、組織之，使成為有能力的戰鬥員。然後使之領導着此大多數民眾，積極參加政治鬥爭，以期獲得革命政權，而實行此一定之主義及根本政策。黨的意義是如此的，明白了黨與民眾之關係，則決不會懷疑黨治之不利於民眾。

也許有些人以為，如果施行黨治，則縱有民意機關，也同虛設。甚至所謂民意機關，不過為黨治之一種粉飾品。無論永久的國民大會、或暫時的國民會議、乃至小之至於城鎮鄉村的會議機關，也可作如是觀。這種見解，我們認為有切實說明之必要。

第一、我們既認定黨是在民眾之內的，所以我們的主張，不但對於上述各種民意機關，即對於各種民眾團體，如商人團體、工人團體、農民團體等等，都應該尊重他們的獨立。黨祇能用種種工夫，使之自動的接受黨的領導，絕不能加以壓迫。如今南京黨部對於各種民眾團體，直視為一種工具，隨意操縱。我們認為強姦民意，十分痛恨。我們主張黨的徹底改組，正是為此。

第二、不但對於上述民意機關及民眾團體為然，即黨部與政府機關之關係，亦須劃清權限。如今南京黨部與政府機關之關係，可謂糊塗已極，一切重複、紛歧、牽掣、搶奪等等字眼，都形容不盡。不但行政機關如此，據我個人所知，黨部竟有替人夫婦解決離婚案件的。然則，連司法機關也搶佔去了。這樣祇能叫做「黨亂」，如何可以叫做「黨治」？我們主張，應當將黨部與政府機關的關係，重新釐定；黨部對於在政府機關供職的人們，應當根據黨的主義與政策，指揮之、監督之、使之實行，不應當直接替代政府機關向外發號施令。這是一個重要的原則。

第三、我們主張司法機關完全獨立，因為司法機關是保障人民生命、財產、自由的。司法機關不能完全獨立，則人民生命、財產、自由沒有保障，其他一切培植民權更無從說起。

第四、我們主張對於人民集會出版言論之自由，應有明白之規定。其原則如左：

（甲）黨治時代，對於黨之主義及根本政策，不能違反。

（乙）對於黨之主義及根本政策之施行方法，對於黨以外的人，不但
容許參加意見，並且容許參加行動。因為必須如此，纔能收集思廣益
之效果。

（丙）對於黨之主義及根本政策之實行，容許一般人民之批評、監
督。詳細些說，就是政府容許人民都張着眼、戟着手，監視着他是不
是照主義及根本政策去做。

如此，則黨治時代，全國被壓迫在下層之大多數人民，既可得黨的領
導以從事政治鬥爭，又可因政治鬥爭勝利之結果。公私權利皆逐漸增進，逐漸
得所保障。由此以養成民主勢力，確立民主社會。國民革命，纔可以叫做成
功。我們所以主張勵行黨治、培植民權，其意義即在於此。

末了，還有一個重要問題，就是政府當局者之進退問題。我曾看見有
一位博士發表一篇議論，他稱引英國現任首相麥克唐納[32]的言論，說問題發生
應該以投票來解決，不應該以槍桿來解決。這是麥克唐納對於國際問題解決之
希望和主張。他因此激昂的說道，我們中國政府當局之進退，也應該如麥克唐
納與包特溫[33]之進退一般，只憑投票便可解決，那裏用得着槍桿。

我以為這位博士，真是凶年想食肉糜了。豈但英國，一切容認民主政
治的國家，政府當局之進退，都是有一定之法式的。有了這一定之法式，自然
可以不必用革命手段，而達到改造政府之目的。但是我們必須知道，這種法式
並不是白紙寫上黑字，便可發生效力。乃是民主勢力已經養成、民主社會已經
確立，逼着那些從事政治的人，不能不循着這法式來行動。豈但從事政治的人
如此，即使從事軍事的人擁兵數百萬，如果一旦違反了法式，包管每一個兵士

---

32 James Ramsay MacDonald

33 又譯作斯坦利·鮑德溫 Stanley Daldwin

都會拿槍桿來對着他。因而也就沒有這樣笨人，來做違反法式的這樣笨事了。如果民主勢力沒有養成、民主社會沒有確立，不但白紙上沒有黑字，即使有了黑字，每一個有特殊勢力的人，就不會將白紙上的黑字當做一回事。譬如你要他走，他白賴着不走；你反對他，他小之叫警察來捉拿你、大之索性叫他私人豢養的軍隊來掃滅你。他不但用槍桿，還用大炮、用飛機炸彈、用毒氣，你那一張白紙上的黑字能奈他何？

所以民主勢力如不能發展起來，封建勢力決不會自己消滅的。封建勢力，一日存在；則大軍閥把持中央、小軍閥割據地方的現象，也一日存在。你想封建社會產生出來的軍閥會跟着民主社會的軌道上走，真個比凶年想食肉糜，還遠於事實呢！我說這番話，並非對於這一位博士有意譏諷，只是事實擺在面前。我們除了以黨來領導被壓迫在下層的大多數民眾，起來剷除封建勢力、實現民主政治，再沒有第二條大路。

出處：

- 汪精衛，〈黨治之意義〉，《先鋒週刊》第九十三期（1930年），頁22–26。
- 南華日報編輯部編，《汪精衛先生最近言論集》（香港：南華日報，1930年），頁30–38。

致海內外各黨部各同志東電

一九三〇年六月一日

各黨部各同志均鑒：

　　北平協議黨務，久而未決。愚以為今日最要，在於團結；而團結之道，在於繼續十三年春間總理改組本黨之精神。蓋第一屆代表大會宣言政綱，實詔示國民革命成功之大道。由之則國民革命得以進步，反之則國民革命為之中斷。此誠十三年以來之事實，而同志所不能一日忘者也。

　　頗聞西山同志有所不慊於二中，然十五年春間之第二屆代表大會，實繼承十三年春間第一屆之後。既以至誠接受總理遺囑，且於第一屆之最低限度政綱，全部不加增減，惟期努力以使之實現。自是以來，由統一廣東而統一全國，不但於黨務上為最高機關，於政治上、軍事上亦為全國之指導者。雖其間曾因容共問題惹起糾紛，而十六年秋間實行分共，仍由於二中決議。雖十八年春間，二中統系表面上為蔣中正所斬，然全國內外黨部否認蔣所偽造之第三屆者，仍莫不秉命於二中。固知西山同志另有其幹部組織，然以客觀的事實論，若否認二中，則不但十五年以來黨的樞機，為之中斷；而十三年以來之國民革命精神，亦幾於泯滅。同人所以倡為黨統之說者，實不僅為形式着想。此所願西山同志予以諒解者也。

　　惟聞有一部份同志與西山同志仍多隔膜、有倡為西山同志不宜參加黨務之說者，此則期期以為不可。在此革命過程中，苟非飾非文過之小人，決無不嚴格檢查其過去行動而忠實承認錯誤者。如以為西山同志有過失，則左派同

志寧獨無之？吾人惟當以勇於改過自矢，且以勇於改過期人，決不當為求全責備之論。

又聞持黨統之說者，以為非二中委員不得參加中央黨部，此則尤非。適應於革命之進步而有才力之同志日以加多，此正本黨所旦夕以求者。為使此等有才力之同志得盡其所能以貢獻於革命，應不斷的集中才力、擴大活動。總理當日設置政治委員會，人選不限於中央委員，其意即在於此。況今日分崩離析之餘，若仍抱殘守缺，適足以為黨國之憂而已。須知所謂黨統，重形式、尤重精神。十六年秋間之特別委員會，固為不合黨統者；然十七年之第四次、第五次中央全體會議，於黨統無不合矣，而其違反革命精神，造成本黨今日空前之禍亂，較之特別委員會，為患乃不啻什倍。

前例具在，願我同志一念之也。統觀今日事勢，似宜即開中央黨部擴大會議。以中央黨部確定黨的重心，以擴大會議集中黨的人才。同心同德，務使第三次全國代表大會及國民會議，以次籌備成立。今日蔣及第三黨、共產黨環伺吾人，深恐團結一成，於彼不利。故挑撥離間，無所不至。惟望同志深念十三年春間總理在第一屆大會的諄諄詔示於吾人者，相與身體力行、鍥而不捨，則精誠所至、讒間不生。解目前之紛糾，奠將來之基礎。悉在於此，謹布腹心，惟共鑒之。

汪兆銘。東[34]

出處：

- 南華日報編輯部編，《汪精衛先生最近言論集》（香港：南華日報，1930年），頁215–218。
- 南華日報編輯部編，《汪精衛先生最近言論集》增訂本（香港：南華日報，1931年），頁217–220。

---

34 一日

九月十九日精衛致電張學良

一九三〇年九月十九日

瀋陽張漢卿先生、全國各軍政機關、各民眾團體、各報館均鑒：

項讀張漢卿先生巧[35]日通電，愛護和平，綢繆統一；仁言利溥，無任欽遲。竊意今日最急之務，在於除去內戰之原因。戰端既弭，兵禍自熄。謹陳管見如下：

一、開國民會議。總理孫先生遺囑，須於最短期間，促其實現。十七年間，全國統一，即宜舉行。延至今日，決難再緩。萬不能以維持個人軍事獨裁之故，不恤動全國之兵，以遏抑國民會議之進行。

二、全國代表大會為本黨最高權力機關，既采民主集權制，不能不由黨員選舉代表。若以一人指派、圈定為得計，則何須乎有黨部？何須有黨員？故合法之全國代表大會，不可不開；否則黨的分崩離析，無從補救。

三、在國民會議未開以前，施政方針，須廢除個人軍事獨裁，努力扶植民主政治。更須造成廉潔政治，使外交、財政一切公開；在國民會議未開以前，即須有約法，以保障人民權利、規定國家機關之權限及其相互關係。此約法將來可提交國民會議通過。

四、湘、鄂、贛三省因駐兵盡撤，防守空虛；共產黨因而竊發，蹂躪地方，荼毒人民。不可不共同防剿。

---

35 十八日

以上四者，實為當前待決問題，兆銘與中央黨部擴大會議諸同志，日常討論，意見僉同。值此機緣，竭誠披露。是否有當，及如何實現，願聞明教。汪兆銘。皓[36]

出處：

- 〈汪精衛等致張學良兩電〉，《大公報》（天津），1930年9月20日，版3。
- 〈擴會全體由平移并〉，《國聞週報》第七卷第三十八期（1930年），頁4。

---

36 十九日

汪精衛錄中央黨部秘密決議案

一九三〇年十月二十六日

一、中央黨部所在地應於時局臨時定之。

二、應目前之需要，設太原、天津、上海、漢口、成都、廣州各執行部。

三、中央黨部所在地不設執行部。

四、各中央委員就其所在地參加中央黨部或執行部會議。

五、中央黨部於必要時，有中央委員三人，即可開臨時會議及決議。俟正式會議時提出報告，請求追認，如正式會議認為有修正必要，得修正之。

六、各執行部須受中央黨部之指揮。

七、中央黨部設政治委員會、各執行部設政治委員會分會，處理關於政治、軍事一切事宜。於必要時，關於黨務，中央黨部或各執行部亦得委託處理之。

八、中央委員為當然政治委員，並得由中央黨部或各執行部推任政治委員。

九、各政治分會須受政治委員會之指揮。

十、中央黨部各執行部、政治委員會、各政治委員會分會，均須互推一人為秘書主任。

十月二十六日

中央黨部校卷決議案

一、中央黨部所在地應打時局為轉移之

二、應目前之需要設太原天津上海成都廣州各執行部

三、中央黨部所在地不設執行部

四、各中央委員就其所在參加中央黨部

執行部會議

五、中央黨部

即由開會及決議

六、各執行部派員為中央黨部之

七、中央黨部設政治委員會各執行部設

政治委員會

事一切事宜打為實辦由中央黨部辦各

報告部之得委託辦理之

八、中央委員由黨之政治委員並得由中央

黨部委派各行部推任政治委員

九、各政治委員派愛政治委員會之揀擇

十、中央黨委委派行部政治委員委員會政治委員委員會
均以次之掃一人即執書長任 十月二十六

擴大會議閉幕宣言

一九三〇年十月二十七日

二十七日上午九時擴會開紀念週後，即開正式會議，由汪精衛主席，討論約法起草委員會所擬約法草案，正午休息。下午二時復開會至五時，草案全部通過，並議決即將草案發表，在三個月內聽候國人批判，由汪精衛起草宣言，當場修改數字。全文通過，茲先錄該宣言如下：

本黨總理，規定革命進行之時期為三：第一、軍政時期；第二、訓政時期；第三、憲政時期。既於同盟會宣言明白宣布，第二期為約法之治。凡軍政府對於人民之權利、義務，及人民對於政府之權利、義務，悉規定於約法；復於《孫文學說》第六章鄭重說明，訓政時期須頒布約法，以之規定人民之權利、義務與革命政府之統治權。誠以由軍政躋進於憲政，其間不可無一時期，以訓練民眾行使政權。而當此時期，苟無根本大法以規定政府與人民之關係，則政府必流於專制。而民主政治終末由養成，故約法與訓政實相為表裏，無約法不足以言訓政也。

十七年間，本黨於軍事上已統一全國，徒以政治上不能遵由總理之遺教。訓政雖號稱開始、約法迄未頒布施行；遂致訓政其名，個人獨裁其實。人民呻吟憔悴於虐政之下，而國家分崩離析之禍遂再見於今，此誠全國人民所疾首痛心。而遵奉總理遺囑以期貫徹革命之後死同志，所尤一日不能忘其責任者也。

中央黨部擴大會議成立之始，即以制定約法為當前急務。既推定中央委員及聘請法學專家，共同組織約法起草委員會。慎重從事，期以一月之內完成草案。復於此期間，廣徵海內外人民、團體意見，以期收集思廣益之效。自約法起草委員會成立以來，夙夜匪懈。其間雖因軍事變化，約法起草委員會隨中央黨部移駐太原。而起草事業繼續進行，卒能如期竣事。中央黨部披閱草案、詳加核議，認為草案全部，實能恪守總理遺教、適應於訓政時期之設施。

蓋草案全部，以建國大綱為綱領，而根據之以定條目。建國大綱注重於滿足人民之需要、訓導人民之知識能力，使之能自決、自治。故草案於人民之自由、權利、義務一章，詳為保障與規定，使能自動的以完成個人之人格，而擔當國民之大任。建國大綱注重於以縣為自治單位，及中央與省之權限，採均權制度。故草案於國權及中央制度、地方制度諸章，悉準據此旨以為釐定，務期掃蕩十九年來大軍閥把持、中央小軍閥割據地方之惡習，及使人民得有行使直接民權之根據。此外更依據總理遺教見諸建國方略及第一次全國代表大會宣言者，訂為教育、生計兩章，以期養成民德、民智、民力，而馴致於民生主義實行之域。

中央黨部對於草案全部加以核議之後，已以一致之議決、予以通過。當此危急存亡之際，約法之頒布施行，誠不可須臾緩。惟為徵求全國人民真實意見及正當評判計，特附加決議。先發表草案全部，付之公論，期以三月。如有建議修正，不悖於總理遺訓而切合於法理事實者，中央黨部當虛衷接受、詳加商榷；三月以後，中央黨部當以此草案預備提交國民會議，如認為時勢必要，或即以此草案頒布施行。庶幾訓政時期，政府與人民有共同遵守之根本大法。憲政之實現、建國之大功告成，悉有賴於是。我全國革命民眾，其共鑒之。中華民國十九年十月二十七日。

擴會通過約法草案後，將暫時停會，汪精衛決於停會期內往晉城一行，與馮玉祥面商各種時局問題，二十八日晨已啟程。

∽

出處：

- 〈太原擴會已停會〉，《大公報》（天津），1930年10月31日，版3。
- 〈擴大會議停會〉，《國聞週報》第七卷第四十三期（1930年），頁1–2。

汪精衛上中央黨部條陳四點

一九三〇年十一月九日

兆銘審察目前情勢，有即離天津之必要，謹陳數事如左：

一、謹辭去中央黨部秘書主任及雜誌週刊編輯委員之職。

二、秘書主任本為暫時擔任通訊之用，今於書記長已到天津，且已改任主任幹事，並有幹事十人為之輔助，則秘書主任可以取消。如謂秘書主任職權比書記長為重，則目前情勢，似尚無設置秘書主任之可能。

三、關於雜誌週刊，弟意最好仿日報例，擇已辦有成績之雜誌週刊，予以津貼，或放任個人辦理，擇其尤者，予以津貼。但定一最低限度，站在同一戰線上者，不許互相攻擊，如此已足。若設一編輯委員會，弟敢信無一人敢負責任，亦無一人能負責任。

四、擴會成立以來，惟起草約法一事，差足表現同志團結精神，大體討論、逐條討論、字句修正，皆平心靜氣，專從法律事實著想，絕不參雜一些派別意見，故草案遂能剋期告成。甚盼此後會議各種問題，皆以此精神行之。

以上管見，敬備採納。此上
中央黨部

汪兆銘謹啟
十一月九日

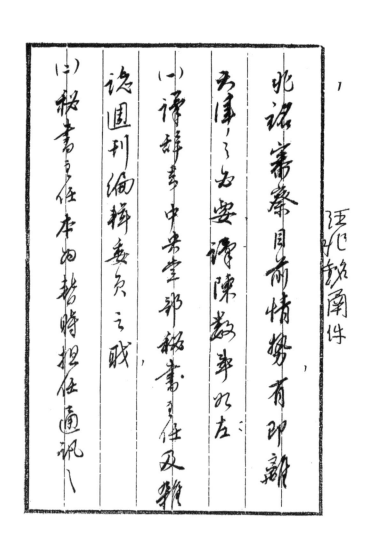

右旁「汪兆銘函件」為西山會議派主要成員謝持手跡

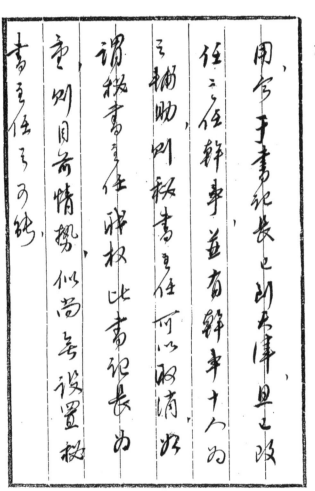

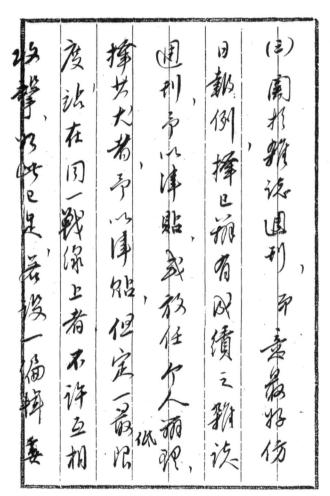

（三）關於雜誌週刊，印章最好傷

日報例擇已確有成績之雜誌

週刊予以津貼，或放任个人酌那，

撐其大者予以津貼，但定一最低

度站在同一戰線上者不許互相

攻擊，如此已足若設一偏輯委

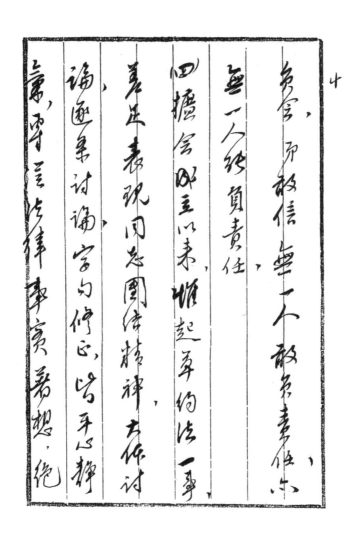

黨會，所教信，無一人敢負責任、

無一人敢負責任，

(四)擴會的主以來，恤起草約法一事

委延表現同志團结精神去做討

論逐条討論字句停止，皆平心靜

黨，罕言论律事實著想，绝

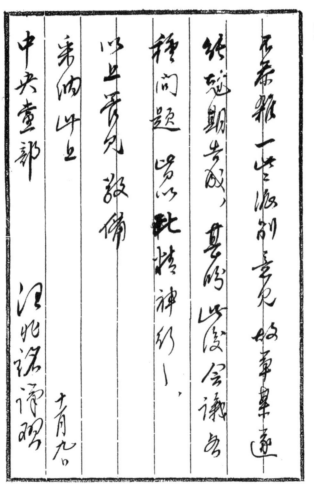

汪精衛上中央黨部建議

一九三〇年十一月十七日

中央黨部諸同志公鑒，茲提議數事如左：

一、十月二十七日之議決案，以中央黨部及執行部維持黨之系統，以政治委員會及分會應付時局、吸聚人才。弟意在第三次全國代表大會未開以前，宜以此為最高機關領導進行，不宜輕議變更。

二、最高機關，既已確定，第二步著手為中級機關。於此有必須注意者。擴大會議之精神在團結革命同志，共同擔負責任。以前各小組織之錯誤，在成見太深、排他性太甚，因此各小組織林立。不但不能結合，並且互相排擠。在此種情形之下，各小組織之分崩離析乃為當然之結果。此種現象，徒供野心者操縱利用、造成獨裁，與民主制度，相去益遠。

今欲矯正積弊、團結革命同志，第一要務，在中級幹部。人選得宜，俾能負吸收團結各地同志之責任，而不致惹起多數之反感。中級幹部之人選，最須態度公平、行動穩健，庶可漸漸消滅以前小組織之界限。

一省中各縣市之組織，在原則上固應統一於一省之幹部，但數年來分崩離析之現象，已遍及各地、深入下層。一省幹部，無論其人選如何周密審慎，必有不能籠罩一切之處。故各縣市之黨員，萬一有一時不便或不能隸屬於省幹部之時，亟應准其直接受中央指導。

此種居住某一地方直接受中央指導之黨員，或一人、或多人均可。此種辦法，於吸集人才及保持秘密兩點，均有益處。因中級黨部之最大弊病，莫

293

過於包辦及關門主義也。此臨時辦法，俟將來各省幹部健全之時，自可取消，而使各地之黨員，一律隸屬於省幹部。

三、如中下級黨部以次整理就緒，則可籌備開第三次全國代表大會。公開秘密，視時局而定。

四、為求真正團結起見，以前一切各派組織，宜設法使之消滅（當然無強迫之意，但中央各同志不可無此決心）。至於各種輔助團體，自不在此限。

以上四者，為目前切要之圖，謹候公決。再者，中央派員分赴各地組織執行部時，請議定政治委員人數（弟意中央委員三十人，政治委員最多不能過三十人之數），及開辦費、每月最低限度經費為要。此上即請

公安

弟　汪兆銘謹啟
十一月十七日

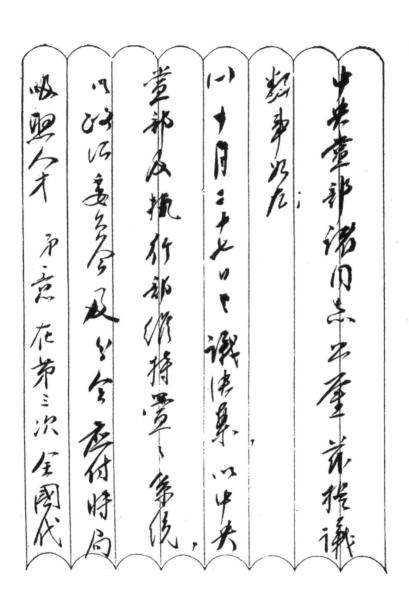

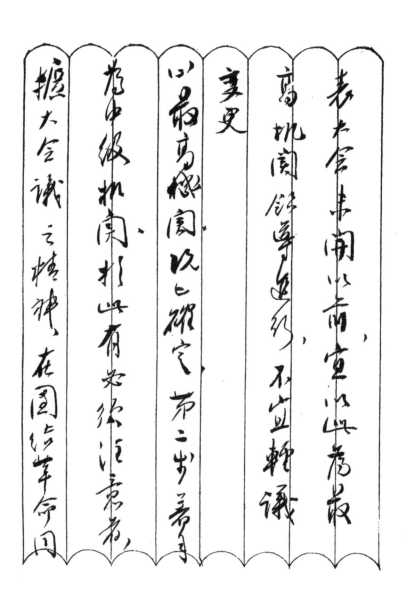

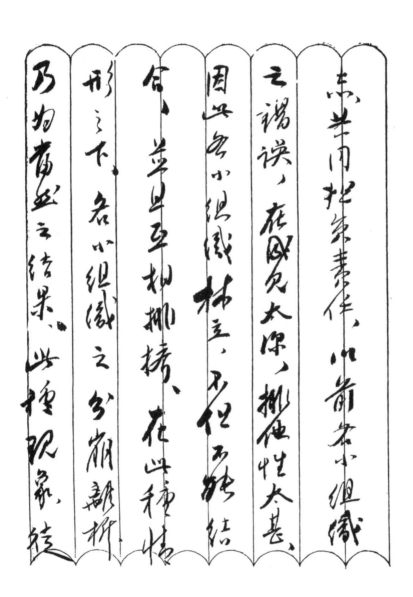

志業用相系事件、以箭各小組織

之錯誤、在國見太深、排他性太甚、

因此各小組織林立、不但不能結

合、並且互相排擠、在此種情

形之下、各小組織之分崩離析、

乃為必然之結果、此種現象、能

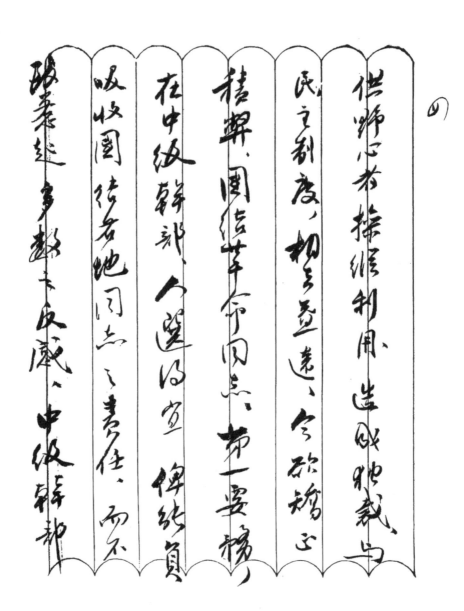

四

供師心者操縱利用造成獨裁與

民主制度、期望益遠、宜矯正之

積弊、團結革命同志、第一要務、

在中級幹部、人選得當、俾純負

吸收團結各地同志、專任、而不

破壞建、多數未反感、中級幹部

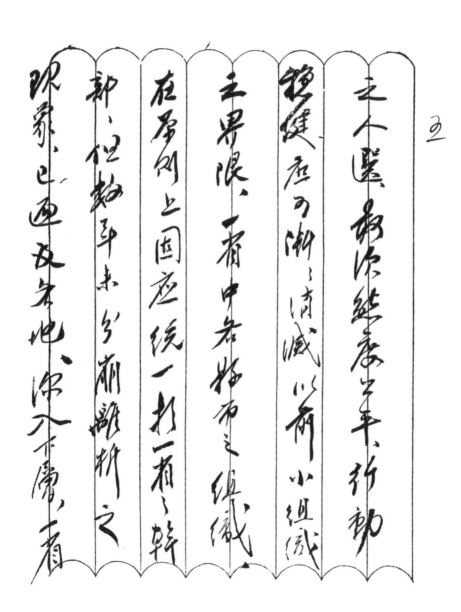

六

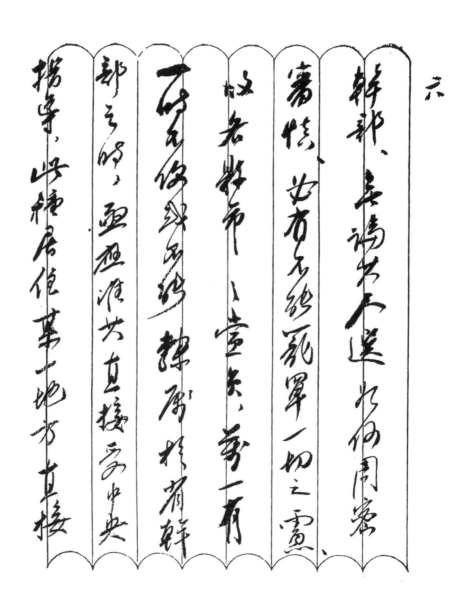

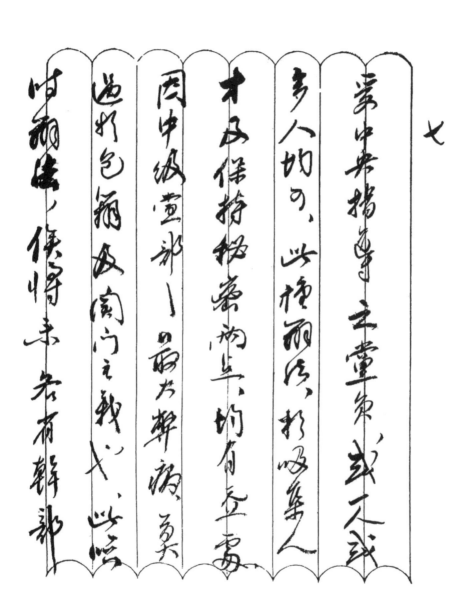

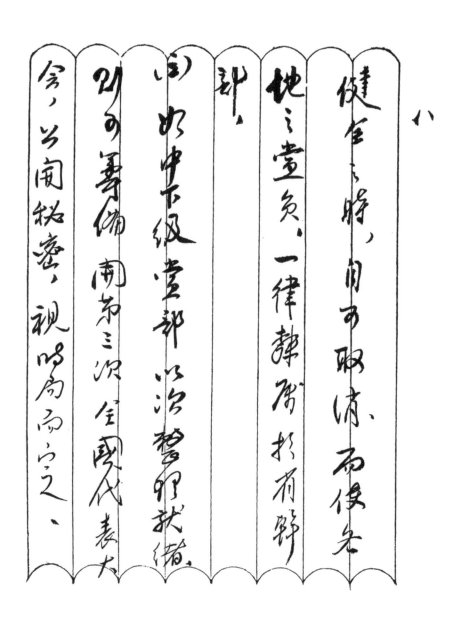

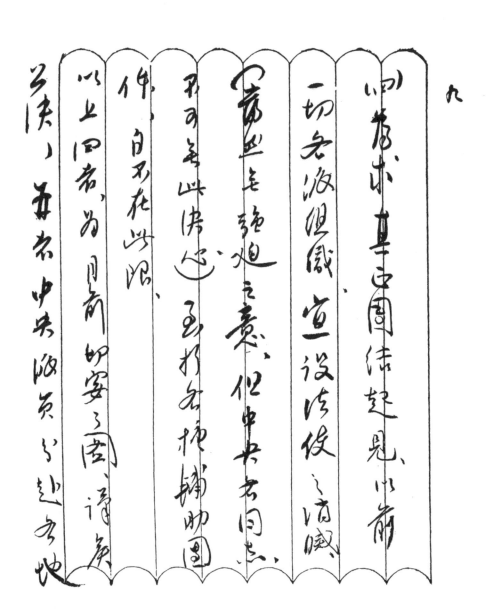

九

（四）為求其全國統起見、以前
一切名義但戲、宣設法俟之項臧、
等亦毫無過之意、但中央老同志、
不可無此決心、並指名推輔助圖
作、自可在此限、
以上四者、為目前切要之圖、請廣
之陝、并希中央派負另起一地

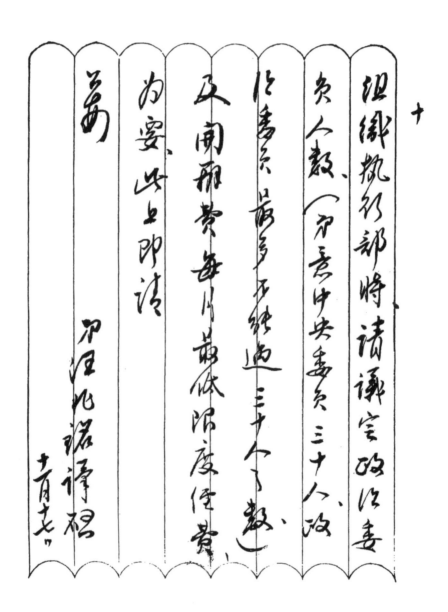

對胡漢民被囚事宣言

一九三一年三月七日

　　軍閥時代，憑藉武力，以蹂躪人民。生命、財產、自由，一切皆為魚肉。至其對於所部將士及所屬官僚，亦復視同奴隸。喜怒生殺，惟其所欲。鴉片榻上、麻雀檯上，即可隨意處分。國民不忍此等野蠻昏暴之行長此終古，始奮然而起，相與以打倒軍閥為務。

　　中國國民黨總理孫先生指導同志，為國民之前驅。對於軍閥，除之務盡；更確定訓政時代須頒布約法之教條，使政府之統治權與人民自由權利，皆有所依據、以為行使；復創為五權憲法，尊重監察之職權。使一切官吏任職皆有一定之保障、失職亦有一定之懲戒方法。所以掃除軍閥之穢迹，而開民主之新運者，胥在於此。

　　乃蔣中正於藉國民及同志之力以驅除軍閥之後，竟一一效軍閥之所為，惟恐不肖。而胡漢民則從而阿附之，不恤毀棄總理訓政時代須頒布約法之教條。並在偽三次代表大會，確定總理遺教即是約法之曲說，以塞約法產出之路。對於多數同志、多數國民之要求約法，自恃在蔣肘腋之下，肆口詆諆、無所顧忌，並慫恿蔣以窮兵黷武為誅鋤異己之計。蔣、胡二人，同惡共濟；南京政府，遂毀盡中國國民黨之面目，整個的承受軍閥之殘唾。蔣既為軍閥、胡既為軍閥之所屬官僚，則蔣施軍閥所得施、胡受軍閥之所屬官僚所當受，亦固其所。

　　最近蔣於私宅宴會之際，突令衛士拔出手槍，脅胡漢民辭職。並於其辭職之後，押赴湯山。胡則流涕絕食、詐病賴死，蔣則鈐制輿論。於南京報

紙，登載蔣斥胡之演說辭，既加封閉；登載胡怨蔣之七律詩，復令停版。凡此皆蹈襲軍閥時代之穢迹而變本加厲。

　　去年十一月間，蔣中正在南京舉行所謂祝捷大會之際，摩擦其血淋淋的雙手，與胡漢民等邀各國公使，觀程艷秋所演青霜劍。蔣見劇內有刑訊等事，大加責難，謂為有辱國體、將為收回領事裁判權之累。今者蔣一面擺酒請客，一面拔槍捉人。以國民政府主席，而出於強盜綁票之行徑，較之青霜劍中之狗官，有過之無不及。其貽羞萬國，更伊於胡底。以如此之人，而謂為將制定約法，實乃駭人聽聞；而胡漢民之卑怯、無骨氣，亦大為中國讀書人之玷。願我同志暨我國民，同心戮力，貫澈數年來打倒軍閥之主張。使依附軍閥以毀棄約法之胡漢民，與利用約法以為軍閥之裝飾品之蔣中正，皆無所施其技。然後民主政治得以實現，國家人格得以湔雪。惟共圖之。

　　　　　　　　　　　　　　　　　　　　　　　　汪兆銘。陽[37]

出處：

- 原稿刊於1931年3月9日的《南華日報》，現已散佚，今參考自何孟恆謄錄之〈對胡漢民被囚事宣言〉。

- 〈汪精衛發表重要宣言〉，《華東日報》（上海），1931年3月14日，版2。

---

37 七日

汪精衛先生對於最近時局之主張

一九三一年五月十二日

一、致海內外各黨部各同志電

海內外各黨部各同志均鑒：

數年以來，各同志痛蔣中正之禍黨禍國，起而聲討。徒以各同志間，或因對人見解，不能一致，以致此已奮發、彼猶濡忍；或因拘於系統、派別之觀念，環境各異，步驟遂以參差。於是蔣乃得乘此弱點，以謀各個擊破。數年以來，我忠勇之同志，為討蔣而流之血，可成江河；全國人民生命、財產，為戰事而犧牲，尤無紀極。而其結果，徒使蔣地位日固、暴橫日甚，言之痛心。今者廣東方面，見黨國垂危，奮起挽救。此誠乃討蔣之最後一着，吾人惟有相與戮力，以期得最後之成功。

謹舉二事，為同志告。

其一、對於國事，宜以顛覆個人獨裁、樹立民主政治為唯一之鵠的。根據建國大綱，以制定訓政時期之約法；遵照總理宣言，以召集國民會議。蔣於此二者，竊其虛名以維持獨裁　吾人則當實事求是，以實現民主政治。

其二、對於黨事，宜以恢復民主集權制為先。事變至此，宜即依據總章，召集臨時全國代表大會，解決一切；在臨時全國代表大會未開會以前，宜集合一切革命同志，共濟艱難。祇求精神團結，區區形式，不宜置重。

愚以為今日之事，條理萬端。而扼要之圖，莫過於此。謹陳管見，伏維垂鑒。

汪兆銘。東（五月一日）

二、覆李宗仁、白崇禧、張發奎電

南甯李總司令德鄰兄暨健生兄、向華兄鑒：

卅[38]電敬悉。弟東[39]日通電，諒已達覽。歷史上，獨夫、民賊之末路，無不土崩瓦解。辛亥、丙辰兩役，尤其明證。此次倒蔣，宜由各方同時並起，只以打倒獨裁、實現民主為共同目標，其他一切問題自可迎刃而解。辛亥之役，先之以各省起義，共同撲滅滿洲帝制，然後以十七省代表會議締造南京政府；丙辰之役，亦由南北各方，共同撲滅洪憲帝制，然後以會議恢復約法、恢復國會。蓋目標愈簡，則用力愈專，而糾紛亦愈少也。現在粵省既已舉義，桂省在軍事上，宜與精誠合作；至於黨務政治，則宜依舊進行。將來再以會議方法，共同解決。逆料各省繼起，亦必用此方式。如有以意氣之私、畛域之見，授敵以隙、自起內憂者，與眾棄之！

汪兆銘。冬（五月二日）

三、如何聯合起來

一個分崩離析的黨，如何始能聯合起來呢？

着手於解決統系問題麼？統系問題誠然是必要解決的。一黨以內有兩個以上之統系，則必有兩個以上之中央。黨遂成分崩離析，如何可以不想法子去解決？但這個解決也並不難，統系之角立必有其角立之理由，只須客觀的、

---

38 三十日

39 一日

冷靜的加以檢查。如其不合理，則取消之；如其合理或雖不盡合理而有其萬不得已之理由，則設法使之歸於一致。這問題就可解決了。要而言之，講道理不講面子。革命黨人之所以肯拚命，就為的是道理；至於面子，是革命黨人所不應講的。

着手於解決派別問題麼？這也是必要解決的。我們知道，無論那一個派別，都有好分子，也都有壞分子；我們更知道，無論那一個派別，都不足以網羅盡一黨之人才。然則，派別何以發生呢？其最大原因是理論不同。對於理論之贊同者，雖人才較下，亦必引為同調；對於理論之不贊同者，雖人才較高，亦必視為異己。於是選擇同志的標準，雷同第一、人才次之，而每一派別之不健全也就植因於此了。明白了這個原因，則解決的方法自然可以尋得。至於其他不純潔的原因是革命黨人所不當有的，因為如果有之，則是反革命了。

如此說來，統系問題、派別問題之解決方法，都歸著於理論的一方面；如此說來，如其理論的一方面可以一致，則必然能聯合起來。

所以我對於「如何聯合起來」的答案是，如果認定倒蔣的意義是民主對於獨裁之爭鬥，那麼，一切同志必然的可以聯合起來。

蔣中正為獨裁的象徵，是無疑的；我們集中力量來打倒他，必然可以將他打倒，也是無疑的。然而蔣中正以外，就沒有獨裁的存在麼？我們必須知道，蘇俄噱頭的馬克斯主義理論、意大利噱頭的國家主義理論，都一樣的是獨裁政治之產生者及其擁護者。就是蔣中正本人，也實在是接受了這兩種噱頭的理論，所以背叛了三民主義而成為獨裁之象徵。我們如要打倒獨裁，必要打倒這兩種噱頭的理論。

蘇俄之所謂無產階級專政，不過是共產黨專政、其實不過是斯達林一人專政；意大利之所謂法西斯蒂黨專政，其實不過是莫索里尼一人專政。有些人不免說「他兩人現時是成功者」，其實短時期的成功決不是真成功。若云短時期的成功，則梅特涅何嘗不是？而其究竟何如！須知道這些怪物，都是在民

主勢力未充足的社會裏頭鑽出來的。民主勢力一旦養成，則這些怪物決無存在之餘地了。

我們打倒蔣中正，為的是打倒獨裁；若要打倒獨裁，必須將謳歌獨裁政治之理論摧陷而廓清之。所以我們今日關於理論，必須以三民主義為主，而以歐美各國民主政治之理論及制度為輔。因為三民主義祇是確定原則，而其條理則留以待同志之研究、實行；歐美各國民主政治之理論及制度，可以供我們參考者甚多。我們切不可被共產黨人「資產階級民主政治」這一句咒語所威嚇住了，尤其不可為法西斯蒂黨人「意大利是腐朽的民主政治之起衰救弊者」這一句頌詞所搖動。如此，則我們同志的理論，雖然枝節間不免小有參差，而根本上則可決其沒有矛盾。如此，則我們同志必然可以聯合起來，而其聯合是永久不散的。

末了，對於其他的政黨，我還想說幾句話。我們鑒於民元以來蹢等的民權運動之流弊，所以主張訓政；我們同時鑒於民十七以來蔣中正假黨治以摧殘民主政治之流弊，所以主張訓政時期須有約法。訓政的意義是「本革命之三民主義、五權憲法以建設中華民國」，而訓政時期對於其他政黨之態度，在約法草案第二章已有了明白的規定。

（五月一日脱稿）

四、對香港南華日報駐滬記者談話

問：先生東日[40]**致各黨部各同志電，冬日**[41]**覆李、白、張諸君電，可視為先生最近對於時局之根本主張否？**

答：可以。

---

40 一日

41 二日

問：此主張曾得擴會諸君之同意否？

答：兩月以來，與擴會諸君往復商榷，已得同意。

問：鄒君海濱對此主張如何？

答：鄒君與余同意。

問：顧君孟餘、陳君公博對此主張如何？

答：顧君與余同意；陳君自去冬離太原後，因病請假赴外就醫，故未有表示。以余度之，當亦同意。

問：閻、馮諸軍事領袖如何？

答：閻、馮兩君皆來電贊同。

問：先生觀察此主張能實現否？

答：自然還有許多困難，但余深信最近期間，必能於黨恢復民主集權、於國樹立民主政治。

問：此次倒蔣能成功否？

答：數年以來，蔣每日製造倒蔣之原料。至於今日，除蔣直系私人外，凡曾參加國民黨為黨員者、參加國民革命軍為軍人者，莫不倒蔣。此等倒蔣勢力，皆蔣自己加工趕製出來。蔣一日不倒，一日在加工趕製中也。

問：蔣所御用之國民會議，其前途如何？

答：此等御用之國民會議，顯然違背總理當日召集宣言，及拂逆全國人民心理。本身既無生命，自無所謂前途。西班牙之里維亞亦曾召集此等御用之國民會議，但終不免於崩潰，余前撰論文中已詳言之。蔣以為此等御用之國民會議可以為其護身符，適見其惑而已。

問：先生有赴廣州之意否？

答：余無此意。

問：南京所提出之約法草案，先生有何批評？

答：余實不料其潦草一至於此。訓政時期之約法，應以建國大綱為綱，而規定其詳細條目，然後建國大綱可見之推行。彼等乃全不注意及此，是直等於未起草耳。大約起草諸人中，有一部份人已心懷反蔣，惟知草草交卷，可以散場；有一部份人則承蔣之意旨，只求有約法草案之名便得，不必更問其實，故成此笑柄。即袁世凱在民國三年所公布之約法，亦不至若是，實無批評之價值也。

（五月四日）

五、對香港南華星期報駐滬記者談話

問：先生對於廣東此次倒蔣，感想如何？

答：蔣中正之有害於黨國，我想凡是稍明事理的人、稍有良心的人，沒有不知道的。所躊躇未決的只是一個問題——還是「毒蛇螫手、壯士斷腕」呢？還是「投鼠忌器」呢？以我本人而論，對蔣也曾忍耐過，如十五年三月二十日之默然去國是；也曾希望過，如十六年十二月間之贊成蔣復任國民革命總司令是。十八年以後，知道這種忍耐與希望是不能救黨救國的，所以纔決心將蔣打倒。古人說得好「以己之心度人之心，未嘗不同」，我一個如此，其他各同志未必不是一樣。所稍有參差的，只不過是忍耐之程度及其最後之希望，何時斷絕罷了。到了今日，廣東當局也都一致倒蔣。他們這幾年以來，對於蔣也算忍耐得夠了，而將絕未絕的一線希望也終於斷絕了。其他各處與廣東同一立場、同一環境因而同一心事的，必然大有人在。相繼而起，實是意中之事。蔣身為獨夫，土崩瓦解之形已成。所以我對於此次倒蔣前途，頗為樂觀。

問：聞說廣州有一部份人對先生尚未諒解，然否？

答：未知其詳。數年以來，彼此立場不同、環境不同，自然不免有許多隔膜的地方。據我想來，蔣中正誤黨誤國一至於此，我們若不將他打倒，則我們大家都是有罪的。我們今日惟有以我們的心血頸血來洗去黨國的污點，其他一切皆無足恤。我盼望我們同志，共體此意。即使還有些人，對於我們以前種種有不諒解，無論是形於言論或形於文字，我們都不必注意、不必答辯。

問：先生前次曾說無赴廣州之意，其故可得而聞否？

答：我對於廣東此次倒蔣運動，決定在外從旁積極幫忙，無參加政局之意，所以目前無赴廣州之必要。

問：先生何以持此態度？

答：一個人既然獻身於國家社會、為之服務，應該自視為一種工具。其用捨行藏，惟以於事有濟為準，而一己初無所容心於其間，所以一個「任」字與一個「讓」字最要用得恰當。有些時候，招之亦不來；有些時候，麾之亦不去也。十八年九月間第二屆中央執行委員會護黨救國之舉、十九年七月間中央黨部擴大會議之舉，我皆挺然以一身當其衝。而此次則頗欲將一個在外從旁積極幫忙的榜樣，與一般同志看。因我相信如此做法，於倒蔣前途，効力更大故耳。

（五月九日）

出處：

- 〈汪精衛覆李白張電〉，《香港工商日報》（上海），1931年5月4日，版1。
- 〈汪精衛電〉，《南洋商報》（新加坡），1931年5月15日，頁15。
- 汪精衛，〈如何聯合起來〉，《民友》第八期（1931年），頁3。
- 汪精衛，〈對香港南華星期報駐滬記者談話〉，《民友》第八期（1931年），頁13。
- 汪精衛，〈汪精衛先生對於最近時局之主張〉，《南華評論》第一卷第一期（1931年），頁2–5。

一面抵抗一面交涉

一九三二年二月十五日

在徐州警備司令部紀念週演講

王總指揮[42]、各位長官、各團體代表：

兄弟經過徐州，得有機會來參加今日的紀念週，在兄弟個人是非常難得的。

大家知道，現在是國難當頭的時期。我們為什麼會有國難呢？國難的意義在什麼地方呢？大家知道，現在世界上，無論那一個國家都會有國難的，因為現在的世界，還不是講公理的世界，還是講權力的世界。故此不獨弱國會有國難，就是強國也會有國難的。

歐洲大戰以前，法國是時時刻刻都會有國難的。當着日俄戰爭的時候，德國借摩洛哥的事件，來向法國挑戰。但是法國那時自顧力量未足，只有一面忍氣吞聲、一面充實自己力量，等到歐戰之時纔能報復。歐戰之後，德國也是天天都有國難的，時時都有亡國之可能的。法國的兵進佔魯爾，德國因為軍備受了限制，連武力抵抗也不可能（不准德國有軍備）。但是德國努力整頓國內的組織和恢復國內的經濟能力，到了現在，德國已經過了國難時期了。

由此可知，世界不論強國、弱國都可以有國難。國家的興廢、民族的存亡，都待決於此。即如日本，也是有國難的。例是甲午年中日戰爭之後，日本得了遼東半島，但是俄、德、法三國從旁干涉，要日本把遼東半島歸還中

國。日本當時認此為國難的時期，但他自知力量不足，不能與俄、德、法抵抗，所以只好忍受。自甲午以至甲辰，準備了十年，然後與俄國開戰；民國九年的時候，是日本第二次的國難。因為當歐戰之時，日本曾向中國提出二十一條件，得了袁世凱的簽字。到了歐戰之後，華盛頓會議對於日本予以抑制。日本認為是他的國難，但是此時日本自知還抵敵不過歐美，只得忍受；又預備了十一年。到去年（民國二十年）乘着歐美經濟恐慌之際，遂突然向東北用兵。這便是中國現時國難的由來了。

由此我們可以知道，中國現時的國難不是偶然的、更不是輕描淡寫可過得去的，必要全國的人民提心吊膽以共同應付。自從日本向東北出兵，現在已經過了一百四十多天了，為什麼至今還沒有得着解決呢？這是因為國民政府不肯學袁世凱之簽字於喪權辱國的條約，而日本則必要迫中國屈辱簽約。所以在東北出兵以外，又進攻上海、威迫南京。上月二十八、二十九兩日，有七艘日本兵艦開進下關，向南京施其威逼。在那個時候，如果政府被迫簽字，則以前的抵抗完全沒有意義了。所以一面遷都洛陽，以置政府於安全的地位，來自由行使職權；一面派兵援助上海，以與日本抵抗。我們現在應該抱定什麼態度呢？我們應該要一面抵抗、一面交涉。這個主張不是今日纔定的，兄弟從去年十月由廣州到上海之時，已經抱定這個主張了。兄弟對於那時從南京來請願的學生及各民眾團體，都是以此來答復。因為中國的國難不是偶然的，所以我們要預備長期的抵抗，同時也要盡力的交涉。

現在有很多人有兩種錯誤見解：第一種是以為中國是弱國，斷不能與日本抵抗的，如果打日本，則等於從前的義和拳，結果是中國受更大的損失；第二種是唱高調的，例如「殺盡倭奴」、「殺到東京去」的口號。每逢開會，只要有人鼓掌，什麼激烈誇大的話都可以說得出。以上兩種見解都是錯誤的，我們在野不要唱高調、在朝不要說軟話。所謂忍辱負重的說話，我們不知說過多少次了。只要看看日本在東北要怎麼樣就怎麼樣，美其名曰忍辱負重，其實只見忍辱、不見負重，無非是造了順民、造了投降賊。所以第一種的說話是不

對的，我們必須拿出力量來，纔能說忍辱負重；至於第二種的説話，看似與第一種的説話相反，其實則相同。愈是説激烈話的人，將來必定是愈快投降的。為什麼呢？因為他們沒有真實的責任心，所以敢説這樣不負責的話。幾十年來，我們中國不但軍事、經濟，一切社會組織及社會能力，都落人後，如何可以説這樣誇大的話？以上兩種説話都不對，然則要怎樣纔對呢？

須知道日本是一個國富兵強的國家，而中國卻是一個廣土眾民的國家。如果專在一個地點打仗，那麼，中國是打不過日本的。例如現在十九路軍在上海抵抗日本，是很勇敢的，從一月二十八日到現在，未曾退過半步。因為日本屢次增兵來援，國民政府也就陸續派兵到上海增援。俞濟時師的通電，天津各報已經登載，各位大概都已看見了。但是若要抵抗日本，上海一隅是不夠的。我們不可以為，上海一隅抵抗，便是全國抵抗。舉個例來說，日本運兵到上海，從長崎出發，只要兩天就可以到了。他有兵船運兵，還有商船也可以運兵的；但是中國交通未便，長江上下游都有日兵、還有日艦游弋，運兵便不能如日本那樣利便。

由此可知，專在一個地點同日本抵抗，是很困難的。然而反過來說，我們若全國抵抗，便不同了。例如日本可以將二、三萬人從吳淞上陸，但日本不能將二、三萬人分布到蘇州、鎮江。若要如此，非增幾倍不可；至於若要星羅碁布於全國，則非增幾十倍、幾百倍不可。所以現在大家要明白這一點，我們現在只有以土廣民眾的中國，與國富兵強的日本長期的抵抗，處處抵抗、人人抵抗。除此之外，再沒有方法了。要知道人類是有機體的動物，如果他一部份受打擊之時，全體都會照應的。所以當着日本進攻中國之際，全國的人民、全體武裝同志，處處抵抗、人人抵抗。如果這樣，則日本必有精筋疲力盡之一日，我們就可以得最後的勝利了。

我們知道，現在我們不能學比利時。當着德國侵犯比利時中立的時候，不消幾日，英國就出來幫助他打倒德國；現在日本出兵東北，比德國侵犯

比利時中立時，還要無理。但經過了一百四十多天，各國仍然沒有舉動，故此我們只有預備作長期的抵抗。關於此點，是完全倚靠國民有無組織。須知道世界上有可破的軍隊，沒有可滅的人心。只要國民不肯亡國，國是斷斷不會亡的。這次國民政府遷都洛陽，就是這個意義。我們預備以全國作戰場，為長期的抵抗。我們不唱高調，同時我們也不說軟話。但是我們應該要對日本絕交、宣戰嗎？我們要先問問日本有對中國絕交嗎？有對中國宣戰嗎？

但事實上已經超過絕交、超過宣戰了，這種唱高調的話，是不能補救現在這個局面的。難道和日本絕了交，他就不能打上海麼？須知道這回的中日問題，中國是有十足的理由，來要求國際干涉日本的。因為日本是破壞了國際聯盟公約、華盛頓九國公約、凱洛格非戰公約的。現在我們在外交上既有充分理由，則何必要放棄外交的方法呢？何必驅使各國守中立呢？我們有國家，則有交涉的權利；我們還未亡國，為什麼不能交涉呢？只有朝鮮纔不能交涉，因為他的國家已經亡了。須知道交涉是可以的，只有簽字於喪權辱國的條約是不可以的。從前蔣先生任國民政府主席的時候，他始終不肯簽字於喪權辱國的條約；蔣先生辭職之後，現在的國民政府也不肯簽字於喪權辱國條約。如果日本放棄他的無理要求，則我們無論何時都可以交涉的。所以一面抵抗、一面交涉，同時並行。軍事上要抵抗、外交上要交涉，不失領土、不喪主權。在最低限度之下，我們不退讓；在最低限度之上，我們不唱高調。這便是我們共赴國難的方法。

臨了，兄弟還有幾句說話想講的。兄弟此次來徐州只是過路的性質，所以對於地方上各種民眾團體，都未能一一接見。對於地方上的事，自有地方當局處理，更無兄弟直接處理之必要。所以對於昨日學生代表提出經濟絕交的問題，兄弟祇能貢獻一點關於原則的意見。兄弟以為，在未議決經濟絕交之前，商人買賣日貨是當然的；但在議決了經濟絕交之後，仍然買賣日貨，這便是奸商的行為，則應該從嚴處罰了。故此，前後之間應該分得清楚，方為合理。

　　還有一點，在現在全國人民同心合力抵抗日本之時，大家必要一致共同合作，纔能有效。即如在黨的方面，從前雖然有種種糾紛，但在此國難當前之際，大家都要一致精誠團結，來共赴國難。試看歐洲各國的政黨，他們遇着打仗的時候，大家就即時放下一切糾紛，來共赴國難。黨外的人亦是如此，何況同是黨內的人呢？進一步講，武裝同志和民眾團體，是應該一樣的合作。民眾團體之中，農工商學各界，也是應該一樣的合作。必如此，纔能共赴國難。總之，我們對於現在的國難，不要作樂觀、也不要作悲觀。我們本着一面抵抗、一面交涉，在野不唱高調、在朝不說軟話，以沈着的精神，與日本作長期的奮鬥。尤其重要的，是大家要同心合力。今日兄弟很難得在這裏與各位見面，藉此向各位深致敬意。

出處：

- 汪精衛，〈汪院長精衛本月十五日在徐州擴大紀念週報告詞〉，《鐵道官報》第二四八期（1932年），頁32–37。

- 林柏生編，《汪精衛先生最近言論集上下編》上編（上海：中華日報館，1937年），頁9–16。

對軍事外交的方針和決心

一九三二年四月十日

在洛陽國難會議報告

本刊[43]自去年春間在香港創刊後，不久卽移廣州出版；嗣以時局關係，復移香港。其時暴日侵凌，本刊以抗日關係，雖在港復版，而言論印刷，諸感不便，僅兩期卽復停刊。計自本刊創刊以來，汪精衛先生之言論、文字均按週彙見本刊。今年春間既不幸停版，先生之言論文字遂只載至甯粵和平統一告成時爲止。其後先生入京，主持國政，所發表重要言論、演說甚多。茲幸本刊移滬復版，爰應本社同人，及閱者之要求，將停版期間，先生之重要言論，刊載於此。編者

主席、各位先生：

前天各位對於政府的軍事報告、外交報告、財政報告有疑問的，兄弟現在得主席的介紹，向各位簡單的補充說明一下。今天所要說明的：一、關於組織；二、關於方針。

在組織方面，軍政部曹次長前天未將軍事計劃宣布。這是根據於他的職權，應該如此的。軍事行政，是軍政部的責任；而對於國防及用兵的計劃，則是參謀本部的責任，並非屬於軍政部的。

---

43 即《南華評論》

　　現在軍事委員會成立，由參謀本部、軍政部、海軍部、軍事參議院、訓練總監部，幾個機關的長官，及其他幾個重要軍事同志，都在裏頭，是一個直轄於國民政府的最高軍事機關。其職權可以分兩部份來講：一、關於一切軍事，二、關於軍事命令，則由軍事委員長執掌。這是關於軍事組織的簡單說明。

　　至於外交委員會的性質，與軍事委員會不同。一方面秉承中央政治會議的指導，一方面有外交部長參加，以共同討論外交事宜。而在執行的時候，還是由外交部長擔任。這是一點；其次，外交委員會是中央黨部所特設、關於外交的設計委員會，不是直屬於國民政府的執行機關。這又是一點。

　　說到財政委員會的組織，就是去年十月、十一月裏，南京政府派代表，與廣州政府的代表會商後所產生，關於財政統一及財政公開的辦法的組織。其性質和軍事委員會、外交委員會，又是不同。因為國家財政是由人民負擔，成立財政委員會的精神，就是在國內金融界、實業界、教育界，選任幾個富有學識、資望的人，共同組織。除了計劃的事情外，還帶點監督的性質。其目的完全是在財政公開，使有負擔的人民，共同來研究計劃。當時南京政府，採納這個意思，曾發表一批財政委員；後來因為淞滬事變發生，所以進行停頓。不祇是委員會不能開會，並且財政當局，因為在上海有許多接洽的事，也不能長在南京；今天財政當局不能來洛陽，也是為此；上月初，二中全會又有決議，催促財政委員會早日成立。兄弟也和宋部長[44]商量過，怎麼樣能使財政委員會早日成立，以達到財政公開和實施財政計劃的目的；現正在進行中。以上是財政委員會的性質，不同於其他兩委員會的地方，和成立經過的簡單情形。

　　說到方針方面，大概各位所注重的，是政府的方針和決心，即對俄、對美的外交如何。這一點，兄弟可以負責答覆。

---

44 宋子文

自九一八東北事變發生以來，外交當局對國聯說話，同時也對美國說話。這就外交數月來的文書看，就可以明白。兄弟於一月二十八日受任行政院長之後，也一方面要求國聯依照國聯盟約制裁日本，同時要求美國提出華盛頓條約，促其維持條約的尊嚴。不過據美國答覆，願意與國聯取一致行動，而國聯亦於去年要求美國參加大會。這一點，諒各位也很清楚。二月二三日，美國公使又與英、法兩國公使聯合，共同提出一種調停辦法，德、意兩國也次第加入，這也就是美國與國聯諸大會員國合作的表示。最近國聯調查團來華，除了英、法、意、德四國聯會員國各有代表之外，美國也有代表參加。所以說政府忽視對美的外交，是決沒有的事。至於請求美國召集第二次華盛頓會議，美國尚未明白決定。將來能否召集，現在固不可斷定；而政府促其實現的希望，始終存在。所以政府對於外交的進行，國聯與美國，兩方都兼顧到，這是第一點。

第二、對俄國交的恢復，在外交委員會曾有數次討論，結果認為對俄可以復交，但事前不得不有兩點準備。

一，中國為甚麼與俄國斷絕國交？因為在民國十六年七月十五日，武漢中央黨部決議分共的時候，當時並沒有與俄國斷絕國交，也沒有實行剿共的事實。如果共產黨不出軌外活動，政府還是保護他們的。不過在七月三十日那天，共產黨受第三國際的命令，在南昌暴動。是政府尚未對俄斷絕國交，而蘇俄已於實際上向中國進攻；同年十二月初在上海開二屆四中全會預備會議時，就曉得共產黨預備在廣州搗亂，當時曾派陳委員璧君等去廣州調查，確有這種事實。四中全會接到陳委員的電報後，就急電廣州軍事當局，於必要時候搜查蘇俄領事館。因為蘇俄領事館預備了大批小火輪，於共產黨大批由香港到廣州的時候，用小火輪運送至領事館，同時又把手溜彈、手槍等都藏在領事館內，所以不得不徑取絕交手段，並電廣州當局迅速實行搜查。這樣看起來，蘇俄領事館不祇是共產黨的收藏所，簡直是十二月十二日共產黨在廣州作亂的大本營。如果在那時沒有緊急處置、對蘇俄不斷絕國交、不搜查蘇俄領事館，廣州

的亂事不是兩三天可以收拾的。因為蘇俄素不顧國際信用，說了不煽動，他還得要煽動。處在此種情形之下，廣州當局便有非這樣做不可之勢。當時陳公博、張發奎幾位同志，也有同樣的主張。如果現在和蘇俄復交，若一旦假藉治外法權，仍庇護共產黨來搗亂，那末我們不得不有事前的準備，以期防患於未然，這是一點。

其次，我們也要顧到國際的情勢。近來日本在國際宣傳，常說中國共產黨非常猖獗。現在蘇俄天天想和中國共產黨聯合，只因五年計劃尚未完成，無暇及此。將來計劃完成，以西伯利亞為根據，自東北侵入中國內地，恐比現在江西、湖北的共產黨還要厲害。現在中國共產黨尚不易對付，將來中國共產黨在東北和蘇俄聯合起來，就更沒有辦法了。這種宣傳，不但在報紙上鼓吹；日本政府並有正式報告書，由日本外交部訓令國聯日本辦事處轉送國聯。不過國際間知道中國現在剿共很嚴厲，日本的煽惑尚不能根本變更其思想。我們如果貿然與俄復交，一定容易引起誤會，使國聯各國和日本取同一態度來對付中國，這些都是要顧慮的。但我們一方面是顧慮，同時在各方面還是準備進行復交，這又是一點。

有一位會員問及中國對俄情況，兄弟可答復，大概是如此。總之，政府對於蘇俄所取的態度，並非絕對不復交。不過復交一定要有準備，到了相當時間，可以避免各方面的弊害，當然可以實行的。

還有幾位問及軍事上和外交上的計劃，兄弟很明瞭各位先生的意思，並不是要求政府作一種具體說明。我們知道，軍事計劃應該絕對秘密，即在歐戰時候，各國也沒有向本國國會宣布軍事計劃的；而外交計劃，因外交當局和對方國如英、美、法等國有約束關係，也不能明白宣布。所以推測各位先生所要求的不是軍事、外交的計劃，而是政府對於軍事、外交的方針和決心。現在兄弟就把政府的方針和決心，很簡單地向各位說一說。

現在從軍事來說，我們在物質上種種設備，固不能和日本宣戰，但如能由這次事件而引起世界戰爭，使中國成為歐戰時的比利時，那是很值得的。可是我們決不能拿這種沒有確實的希望，來做我們的決心。然則我們的決心，是怎麼樣呢？就是政府對於日本的交涉，準備一個最低的限度。在這個最低限度之上，政府有決心簽字、負責任簽字，即受國民一時的唾罵，也所不顧；如在最低限度之下，政府決不簽字，就是出於國民的要求，政府也不能從。

所謂最低限度，究竟是怎麼樣呢？兄弟可以舉幾個例來說明：在一月二十八日的時候，我們的最低限度，就是勸人民把抗日救國會取消。這在政府和人民方面，固然都覺得不願意，但大家尚能諒解。等到一月二十八日晚上十一點鐘，日本海軍忽然要求撤退中國在閘北的軍隊，由日軍佈防。這是日本侵佔中國領土，已在我們最低限度之下了。政府無論如何，不能答應了；又如二月二十日，日本提出哀的美敦書。政府知道如果拒絕，戰事一定立即會繼續發生。及看到哀的美敦書中所提的兩點：第一、要求吳淞不設要塞。這層說起來原很痛心，中國各地的要塞都沒有近代的軍事設備，只是些老砲台、廢砲台。當時的吳淞砲台，更已殘破不堪。然砲台雖毀，不能說吳淞可以不設要塞。日本援用庚子年各國限制大沽砲台的辦法來要求吳淞不設要塞，已在我們最低限度之下了；第二、要求在上海周圍二十里內，不能駐軍。這又是侵犯中國主權的無理要求，也在最低限度之下了。既然兩項要求都在最低限度之下，政府決不能接受。即使戰事重起，還是毅然加以拒絕。

所以政府以後的措施，就是嚴定最低限度的標準。在最低限度之上，政府顧到國家的力量、人民的力量、以及軍事和財政的情況，決不因一部分人一時的高調而有所顧忌。只要能在最低限度之上，雖不為國民一時所諒解，祇好忍痛的簽字；如在最低限度之下，明知道簽字要亡國、不簽字也要亡國，但簽字是不流血的亡國、不簽字是流血的亡國。流血的亡國，有復興的機會；不流血的亡國，永無翻身之日。到那時候，政府向國民說明，我們應不顧一切，準備犧牲了。這是政府所下的決心，不但今天明白告訴各位，而且是天天在那

裏實際做去的。所謂在最低限度之上，我們忍受，就是交涉；在最低限度之下，我們拒絕，就是抵抗。我們這次和國聯調查團晤談的時候，當然希望多得一些幫助，但已暗暗準備最低限度的奮鬥決心。

現在開國難會議，請求各位先生來討論斟酌，也就是想得到最低限度的辦法。所以我們並不是不和不戰，實是可和可戰。在最低限度之上，可以忍受，就可以和；在最低限度之下，不能忍受、毅然拒絕，就祇得出於一戰。軍事、外交是如此，財政也就跟着而決定。我們明知道戰爭發生更使財政困難，但那時候已不是整個財政的計劃。縱然不能做到一個近代國家和一個近代國家的戰爭，至少也可做到一個民族要求生存的戰爭、一個民族和帝國主義的戰爭。這種戰爭的勝負，決不能拿普通的情況可以判斷。如果引起世界戰爭，中國可以站得住；就是不引起世界戰爭，拿中國全民族的血繼續流下去，最後的勝利還是我們的。

所以兄弟今天把政府對於軍事、外交的方針和決心告訴各位先生，希望各位先生對於最低限度下一個討論和審定。如有建議，政府一定虛衷延納的。

二十一年四月十日

出處：

- 汪精衛，〈對軍事外交的方針和決心〉，《南華評論》第三卷第五期（1932年），頁6–9。
- 林柏生編，《汪精衛先生最近言論集上下編》上編（上海：日報館，1937年），頁17–26。

汪精衛致胡適（一）

一九三三年四月二十三日

適之先生：

先生的回信，我已經收到。我極明瞭先生的意思，所以不敢再寫求先生變換意思的信。我並且感謝先生推舉王雪艇先生的盛意，已經與雪艇再三商量之後而得了一個解決，想先生在報上已經看見了。

但這不過是一個待決問題的解決，而待決問題之未解決者甚多。尤其是當前待決的最大問題，即是對日問題，我想略略陳述，但苦無從說起。如今抄出復某先生電一通，請先生閱看。這是密電，望先生為我保守秘密。湯爾和先生曾有信給我，說及此問題，並寄示「周報」一張。先生如看見湯先生時，請以此電文送之一閱，即可作為我的復信，拜托拜托。

先生意中有李鴻章其人沒有呢？先生既不置身於現政府，可否物色預備一班人才，以免屆時青黃不接。

汪兆銘　四、廿三

附：汪精衛復某先生電稿（抄件）

馬[45]電敬悉。承示「戰則同為犧牲，和則同受譴責」，令人感奮。日本在國際社會，道德上已成孤立，而軍事、經濟猶足以無道行之；我國道德上雖得同情，而軍事、經濟無各國實際援助，則亦孤立而已。以孤立之中國，支孤立之日本，不能持久，已無待言。弟平日決心欲集吾黨精銳、共同一拼，而讓他人為李鴻章。如此則不量力而戰之苦衷，將為人所諒；而量力而和之苦衷，亦將為人所諒。惟一戰而敗，吾輩死固不足惜。恐平津失陷，華北亦隨以淪亡。而土地喪失之後，收復無期，是不啻吾黨亡而以平津華北為殉也，此亦深可動念者。如在最低限度內有方法保全平津及華北，弟亦將不顧一切而為之。但若要簽名於承認傀儡政府及割讓東三省、熱河之條約，則弟以為宜俟吾黨犧牲之後，屆時弟必不獨生。以程嬰、公孫杵臼為例，亦可謂吾黨為其易、使他人為其難，但亦可謂如此始成一段落也。未知我公以為何如？

弟　兆銘。漾[46]

出處：

- 〈胡適與汪精衛來往書信〉，《傳記文學》第四十一卷第六期（1982年），頁26-34。
- 梁錫華選註，《胡適秘藏書信選》（台北：風華時代，1990年），頁62-63。

汪精衛致胡適（二）

一九三三年十一月二十二日

適之先生：

十一月二十日的信已經收到，感謝感謝。

我想不答復呢，實在不可；欲答復呢，實在不能。因為紙上不但說不完，而且也不好寫在紙上。

簡單一句話，外交不能為外交而辦外交，要為軍事、財政全盤情形而辦外交。

先生有一句話最扼要：「世界大戰如果在不久即爆發，我們應如何？大戰如能展緩兩、三年，我們又應如何？」我現時的一切思想行動，全集中於此一點。

國名不便寫在紙上，用甲、乙、丙、丁來代替，先生必然猜得到。

甲國和乙國打架之前，甲國必首先要求我國表示態度。我國幫他麼，無此情理；不幫他麼，立刻佔領華北及海口。甲是預備陸軍三百五十萬人來打仗的，三百萬對付乙國、五十萬對付我國。要之，在乙未勝或未敗以前，我國已經一敗塗地。

以甲對乙，勝負未可知；以甲對乙、丙、丁，則乙、丙、丁之勝利是必然的，我們何憚作比利時呢？

　　但是我國的經濟大勢，百餘年來，由北移南；通商以來，更移於沿海、沿江。如今戰爭是經濟戰爭，以現在我國的軍隊，若無經濟供給，留駐於沿海、沿江嗎？必然成為無數的傀儡政府；退入西北內地嗎？必然成為無數的土匪。換句話說，絕不能做到比利時，因為沒有他那麼純粹簡單。那麼，即使乙、丙、丁幸而戰勝，我國已成一團糟。除了化做蘇維埃，便是瓜分或共管。

　　然則怎麼樣呢？要使我們在軍事、財政上做成比利時的資格，無論大戰爆發之遲早，我們不可不努力做成。我的外交，便是求適應於此一點。

　　照現在情形，是不能做比利時的，上頭已經說過；然現在及將來，不可不做到比利時，上頭又已經說過。然則怎樣好呢？諸葛武侯說得好，「鞠躬盡瘁，死而後已。成敗利鈍，非能逆料。」我們現在除了努力預備做比利時，更無第二條路。預備得一日是一日，預備得一件事是一件事。但是預備是要有時間和物力的，原諒也罷、不原諒也罷。

　　先生替我想出一個替人，我真是感激，但這人不能做我的替人。簡單的說罷，先生不是以華北停戰為「不能不如此做」的麼！但如果是這人，華北停戰必然做不成；若要做成，一樣的要如五月杪的嘔氣。硬做、越權，而至於不歡而散。

　　不止此也，五月間的事，本來可以做得好些。因為嘔氣、硬做、越權，所以草率了事、生吞活剝，格外做得不好。

　　先生，請你再替我想一個替人罷。

　　　　　　　　　　　　　　　　汪兆銘（民廿二）十一月廿二日

是年一月，日軍大舉進攻山海關，與我軍激戰於長城各口後，即長驅宜入，窺取平津。行政院乃於五月三日設立駐平政務整理委員會，任黃郛為委員長，一改以往信賴國聯而採取對日直接交涉方針，從事華北停戰談判。五月三十一日，遂由北平軍分會代表熊斌與日本關東軍代表岡村寧次，締結「塘沽協定」，平津始轉危為安。

出處：

● 〈胡適與汪精衛來往書信〉，《傳記文學》第四十一卷第六期（1982年），頁26–34。

● 梁錫華選註，《胡適秘藏書信選》（台北：風華時代，1990年），頁70–72。

總理逝世九週年紀念

一九三四年三月十二日

在中央黨部總理逝世九週年紀念會演講

各位同志：

　　每年三月十二日，我們想起總理逝世時的情狀，使我們心中起了無限感傷，同時使我們心中起了無限的惕厲修省。總理臨逝世的前一夕，聲息雖然微弱，神思卻極清明，不住的念着「和平」「奮鬥」「救中國」，直至聲息俱絕。這三句話，包括了總理生平的全部遺教。

　　中國的危急存亡，總理在三民主義，已經很痛切的指示出來了。總理逝世以後，日月蹉跎，中國的危急存亡，竟已到了這步田地，我們不能不沈痛的承認，中國今日在世界上尚沒有存在的可能。因為中國的強鄰，時時刻刻都可以致中國於滅亡。中國在世界上既沒有存在的可能，那麼中國人、尤其是以國民革命自任的我們同志，在今日裏實在沒有生存的價值——生存着一日、擔着一日的恥辱。我們每一個人，都要準備着為和平、奮鬥、救中國而死！我們不敢說，我們的死能把中國救回來；我們至少要死了之後，有面目見總理於地下！

　　在今日的世界，和平祇是理想的名詞，不是實現的名詞。要實現這理想，依然需要奮鬥。奮鬥不止靠志願，尤其靠力量。志願可以一朝奮發，力量則不是一朝一夕所能養成。現在世界上的國家，若要生存，除了拿真實的力量和敵人性命相撲，沒有辦法。這誠然是極殘酷的，卻又是極正確的。優勝劣

敗，決不會有一毫僥倖。在真實的力量未充實以前，我們若要為和平、奮鬥、救中國而死，有兩個機會：其一是忽然飲彈而死；其一是為充實力量而鞠躬盡瘁，把身體精神一點一點的榨乾了、消磨了然後死。

我們現在需要的，是真實的力量，我們能進行得一日是一日、我們能增益得一分是一分。真實的力量，是從建設性發生出來的。說到建設，條理萬端，我們所能最先致力的，一為交通、一為農業。設個譬喻：交通是人身上的脈絡，農業是人身上的血液。沒有脈絡，血液不能流通；沒有血液，當然脈絡等於廢物。現在頗有人說，造路是勞民傷財的，這話也有片面理由。但這是因為農業沒有振興的緣故，我們今日祇有以振興農業與造路同時並行。若以造路為不必，那麼便要返於太古無為之世。所謂「使民重死，而不遠徙，雖有舟輿，無所乘之」，「鄰國相望，雞犬之聲相聞，民至老死，不相往來」。如今已到了空中飛行的時候了，我們卻連在地上走的路也不想造，那麼豈不是等着被人和雞犬一般的宰割麼？

關於造路，前兩星期已經有些報告了，如今再報告些關於振興農業的消息。振興農業，在積極方面，去年農村復興委員會曾集合專家，擬成改進中國農業計劃草案。這些草案固然有待於審查與決定，並有待於經費之充足。但是若要實行這些積極方面的工作，還是以實行消極方面的工作為先決條件。所謂消極方面的工作，便是在政治上、軍事上使人民的生命、財產、自由獲得確實的保障。舉其最急且要者，莫過於苛捐雜稅之免除。去年農村復興委員會調查苛捐雜稅之結果，知道各省之苛捐雜稅，即以田賦附加而論，其最多之數額竟有超過正糧二十五倍至三十一倍的。所以如果苛捐雜稅不能免除，一切振興農業都是空談。

去年十月，兄弟到過南昌，看見江西省政府熊主席[47]。他對兄弟說：「行政院要調查各省苛捐雜稅，是極切要的事。調查之目的，當然是要設法免

---

47 熊式輝

除。即如江西一省，每月苛捐雜稅共計二十五萬元。從前江西有些人民妄想，淪入共匪區域之後便可免去租稅。後來纔知道共匪區域橫征暴斂，更為酷烈，於是轉而來歸。然來歸之後，政府若不能減輕其負擔，使得有餘力以治生產，也是不能聊生的。所以江西若能免除了每月二十五萬元的苛捐雜稅，其效力可以等於政府再派數師兵力來勦除共匪。但是現在苛捐雜稅之收入，都是有一定用途的，其最大宗莫如保衛。我們若要保衛地方，使不淪為匪區及收復之後不再淪為匪區，則保衛萬不可少。一旦免除苛捐雜稅，則保衛經費便無所出。所以中央政府若能每月補助江西二十五萬元，則我敢負責將一切苛捐雜稅悉予免除，並敢負責以後不再有苛捐雜稅發生」。

兄弟聽了熊主席這番話，十分感動。但是第一，中央政府庫空如洗，那裏每月再籌二十五萬元呢？這不是給財政部當局一個難題麼？第二，所謂苛捐雜稅都是地方稅，如果由中央政府代替負擔，那麼各省援起例來相率要求，又怎樣應付呢？關於第二點，是可以解說的。因為江西是被共匪蹂躪最慘的省分，有此特殊情形，各省自然不能援以為例。關於第一點，卻甚難解說了。直至最近數日，接到財政部孔部長[48]的呈報。從三月起，每月由國庫補助江西省政府二十五萬元，江西省政府從此可將苛捐雜稅一概免除。

這是關於振興農業一個可以報告的消息，兄弟於此不能不感謝孔部長、熊主席的努力。其他各省的苛捐雜稅正在調查中，免除的方法正在擬議中。行政院已通令各省，至遲於五月內調查擬議一切完竣，六月內由中央開會決定辦法，務必見之實行。

免除苛捐雜稅，不能說是振興農業，只能說是振興農業之先決條件。行政院同人竭盡心力，所有願望還不能達到十分之一。當總理逝世紀念日，想起總理生平注重農民問題，更令我們十分的迫切、十分的悲痛。

---

48 孔祥熙

　　總理逝世已九年了，全部遺教均未能見諸實行。而且國難日深，救亡圖存，毫無把握。我們於紀念感傷之餘，真覺百端交集。惟有益自刻厲、相當勖勉，庶有以慰總理在天之靈。

出處：

- 〈充實真實力量救亡圖存〉，《中央日報》（上海），1934年3月13日，版2。
- 林柏生編，《汪精衛先生最近言論集上下編》上編（上海：中華日報館，1937年），頁155–160。

破落戶與暴發戶

一九三四年七月二十三日

在外交部紀念週演講

最近數月以來，國內思想界發生一個很嚴重的問題，便是中國何以衰落到這樣地步呢？何以如此委靡不振呢？這個問題，自然是因痛心國難而起；因為痛心國難，進而求解救國難的方法而起。此問題的解答，一部份人說，這是中國民族喪失了自信力、忘記了自己有四千多年的文化，妄自菲薄，根本上提不起勇氣，所以第一緊要是恢復中國民族的自信力；一部份人說，這是中國民族缺少反省。因為中國四千年的文化，比起歐洲來，實在低下。中國民族應該痛切反省，知道自己事事不如人，所以做成今日落後的地位。非加倍努力，不能滌除以前的罪孽、求得將來的進步，所以第一要緊是反省。《獨立評論》最近幾期，胡適之先生對於此點，說得最為痛切。

中國古代的文化，比起歐洲古代的文化，是各有特色呢？還是低下呢？這個問題讓給研究古代文化史的人去比較研究，於此不欲討論。但是中國是有自己的文化，是無可疑的。我於此不欲與歐洲有自己的文化的國家相提並論，只與一個沒有自己的文化的國家——如日本，相提並論。

日本於維新以前是接受中國的文化，維新以後接受歐洲的文化，這是人所共見的。固然日本人自己有他的武士道、大和魂，但是普通的說起來，日本維新以前，語言、文字、學術、思想，以至一切制度文物，都是由中國模做得來，這是無可疑的。然則，中國古代文化如果低下，那麼日本維新以前，文化也不能不說低下。譬如胡適之先生所說的，中國古代傳來幾種罪孽，如纏小

腳、打屁股等等。纏小腳，日本人雖然沒有模倣；至於打屁股，在刑法未改良以前，可不也是一樣的殘酷。然則為什麼今日日本會強到這樣地步，中國會弱到這樣地步呢？我以為解答此問題比較的緊要，因為國難的由來和解救的方法，或者於解答此問題可以發現得一些出來。

我欲解答這個問題，先做個比方：中國是破落戶，日本是暴發戶。

每一個中國人，都會說自己是一個大國，又是一個古國。所謂大，便是地方之廣，人民之眾；所謂古，便是有四千年的文化。至於最近百年來，經濟、文化樣樣落後，卻又是眼見的事實，無可隱諱的。這種以往的光榮，和眼前的墮落，合併起來，恰恰成了一個破落戶的心理。凡是破落戶的子弟，他的門楣，總有些光祿第、太史第之類；他的祠堂，總有油炸鬼式的旗桿；他的住宅，雖然陳舊不堪，腐敗無秩序，但也是廓廓大大的；他的家裏，當然有些破銅爛鐵，叫做周彝、商鼎；他的祖宗神像，個個都是蟒袍玉帶，煊赫異常。所以這些破落戶的子弟，即使眼前破落，但他的心裏，卻滿貯着過去的光榮。以為目前雖然時衰運敗，我的家世是很高貴的、根基是很厚的，因此不期然而然養成一種驕傲心理。

這種心理是很可惡的、也是很可恥的，他不是為現在而驕傲，乃是為過去而驕傲。這種驕傲的心理，又發生兩樣結果：其一、是沒有誠意的比較，其二、是沒有誠意的努力。為什麼沒有誠意的比較？因為他存了一種驕傲的心理，以為自己祖宗傳來的事物，都是頂呱呱的。明明一件事物，自己的遠不如人，也偏要說是自己的好。例如近代發明的醫學，他們會說不如他們老祖宗的《黃帝內經》以及《醫宗金鑑》。為什麼沒有誠意的努力呢？也是因為存了一種驕傲的心理，以為我有我們的法子。我們的法子，用了四千多年，到現在還有四萬萬人口之眾，我們何必怕？又何必愁？所以每到危急存亡的時候，仍然抱着聽天由命的觀念，懶惰不堪，闒冗無恥。所以一個破落戶的子弟，遠不如一個白手起家的人那麼奮發有為。因為一個白手起家的

人，他心中先沒有那一種驕傲心理，因此遇着一種事物，其美、惡、優、劣，比較得清楚。不至於把自己所有的，雖臭亦香；人家所有的，雖好亦醜。比較得既然清楚，則舍短取長，自然容易堅決。其發奮有為，遠不是破落戶那種萎靡不振，所能望其肩背。

　　我們試舉一個例來說：當美國兵艦駛到橫濱的時候，日本全國上下，是如何震動呢？他們感覺到自己所有的樹葉式的扁舟，萬萬不能和這鐵山般的兵艦相較。感覺到這個鐵山般的兵艦，來到橫濱，吞噬這些樹葉般的扁舟，如一條大鯊魚吞噬小魚蝦一樣，完全沒有對抗。除了自己努力趕快造成鐵山般的兵艦，更沒有逃生之法。並且因兵艦而推想及其他一切制度事物，都作如是觀。舉一反三，作全般的改革。全國上下，一致努力，如醉如狂，因此做成了明治維新的光榮歷史。中國呢？如彭玉麟輩，看見外國兵艦，還以為不如自己的長龍快蟹。曾國藩呢？比較聰明些了，知道要造船廠了。但他不能舉一反三，以為外國比較我們高明的，只不過是這些物質的進步。所以他的學說，衣缽相傳，造成了「中學為體，西學為用」、「形而上之學，中國為優；形而下之學，泰西為優」，支配了幾十年。這幾十年中，讓日本飛行絕迹，中國卻瞠乎其後。我以為中國這幾十年的落後，除了滿洲專制、袁世凱及南北大小軍閥之作惡為其巨梗之外，這種心理是阻滯進步的一大原因。

　　這種心理，現在已掃除了麼？據我看來，現在絲毫沒有掃除。試舉一個小小的例為證，現在江浙等處苦旱，便有人發起求雨。先舉行於鄉村，繼之而舉行於世界交通地點的上海。舉行於鄉村呢，我們已不勝其慚愧了。因為中國興辦學校，至少也有了四、五十年的歷史，鄉村之間已有小學校等等了，何以連這種關於水旱的常識，也不能普及於鄉民？至於舉行於世界交通地點的上海，我們不但慚愧，而且憤懣。難道他們真不知道水旱的常識嗎？不是的，他們做這種舉動，有幾個動機：其一是，求雨是我們老祖宗傳下來的，老祖宗的方法總沒有錯。其二、求雨比較賑災來得輕鬆，簡而易行。聚集一些佛爺、天師，搖頭幌腦，像煞有趣。既可取悅於人，又無損於己。所以發起一個求雨

會，人人鼓掌贊成。如果改做江浙的救災公債，要置備種種防止旱災的科學設備，那就不見得人人鼓掌贊成了。這種僥倖的心理，由懶惰的心理所造成；而這種懶惰的心理，又是破落戶子弟所同具。我以為我們中國人民，如果不能痛切的掃除此種心理，連救一時的水旱也做不到，更說不到救幾十年鬱積而來的國難。

兄弟以為，我們今日兩隻眼睛應該向前、不應該顧後。換句話說，我們應該努力現在、邁步將來，不應該回戀過去。從前法國都魯士[49]有一段故事：都魯士城外有許多野鵝，某夜敵兵來襲城時，守城士兵正在睡覺。虧得野鵝怪叫起來，守城兵士因此驚醒，將敵兵擊退。於是這些野鵝，成為救國的偉大人物，受人尊敬。但是幾十年後，這些野鵝被人宰割了。當被宰割之時，這些野鵝極口的叫不平說，我們的祖宗有救城的功勳，今日何故宰割我們？那宰割的人說，你們祖宗有功勳，是你們祖宗的事，至於你們，只配供人宰割。哼！破落戶子弟聽者，祖宗的光榮，與我們何干！祖宗的光榮，不能洗刷我們的恥辱；我們的恥辱，卻可以埋沒祖宗的光榮。我們如果只知道回顧以前的光榮，那麼我們只有陷於都魯士被宰割的鵝的境遇。

白手固可以起家，破落戶何嘗不可以中興？只要除掉了驕傲的心理、比較得清楚、努力的去做，做成一個現代的國家。這是現在救亡圖存的唯一方法，而發揚祖宗文明，也就於此解決了。

出處：

- 汪精衛，〈破落戶與暴發戶〉，《中央週報》第三二一期（1934年），頁34–36。
- 林柏生編，《汪精衛先生最近言論集上下編》上編（上海：中華日報館，1937年），頁169–176。

---

49 又譯作圖盧茲 Toulouse

充實與犧牲

一九三四年十月十日

國慶日是紀念中華民國之誕生，我們對於過去之光榮，有無限的敬仰；對於將來之光明，有無限的馨香禱祝；而對於現在之艱難困苦，更有無限的黽勉和奮發。

中華民國誕生已二十三年了，而國難之發生也已四年了。國人對於挽救國難意見雖多，總合說來不外兩樣：其一、是自顧力不如人，主張忍耐、從事充實，所謂忍辱負重、臥薪嘗膽；其二、是主張見危授命，所謂甯為玉碎、不為瓦全。

以上兩樣主張，在兄弟看來都是必要的，然而都不是有絕對把握的。換句話說，都是沒有絕對把握的，然而都是必要的。

先講充實。現時我們國家力量、社會力量都不如人，充實自然是必要的。但是，我們會充實，別人也會充實。而且別人在工商業上以及一切國民經濟、文化上都比我們進步，所以我們充實得一分，別人便充實得十分乃至百分千分。不用說別的，只就軍事設備來說，一切新式戰具如重砲大艦等等，都不是沒有科學設備的社會所能製造出來的。尤其不是經濟發達的社會，決不會有充分設備的成本。如今別人已進於工商業發達的境界了，而我們經濟、文化著著落後。這樣想和別人競爭充實，是不是有絕對把握呢？

不但此也，我們雖欲充實，而別人許可我們充實與否，是一個極難解答的問題。我們知道，數十年來，我們國民革命方纔有些萌芽，便遭了別人的

挫折，也不止一次了。別人為什麼要挫折我們國民革命的萌芽呢？一是不許我們國民革命勢力的長成，二是要使初興的國民革命勢力受了挫折、倒了威風、失了國民的信用。不但精神方面如此，即在物質方面，我們一點一滴積累得來的卑無高論的建設，一遭了別人的妒忌，便不難粉碎於一擊之下，而一度的夭折。又不知經過多少時間、多少積累，纔能恢復，這種例子真是不勝枚舉。由前之說，是即使充實，也來不及；由後之說，是雖欲充實，而其道無繇。那麼，充實雖然必要，但是並沒有絕對的把握，不能不痛心的承認了。

再講犧牲。犧牲是必要的，如果我們沒有犧牲的決心，則不但斷送國家的生命，並且斷送國家的人格。然而所謂犧牲，決不是以少量為已足的，必須要求多量；決不是以零零碎碎為已足的，必須要求整個的、有系統的。因為必須這樣，犧牲纔有效力、有價值。但是中國今日能夠大量的、整個的、有系統的犧牲嗎？這可決其不能。為什麼呢？因為中國今日並沒有統一，軍事上、政治上、經濟上都沒有統一。沒有統一，便不能集中；不能集中，便不能做大量的、整個的、有系統的犧牲。現代國家也有行民主政治的，也有行非民主政治的。非民主政治的國家，如蘇俄、如德國，固然是注意於集中；民主政治的國家，如美國，何嘗也不注意於集中？例如歐戰時代，美國一經對德宣戰之時，便將國家力量、人民力量集中起來，交付與大總統威爾遜自由處置。不但軍事而已，如鐵路、如輪船，不管個人辦的也好、公司辦的也好，國家立刻可以有權徵收使用，甚至私人所食的麵包、牛肉也要受國家的統制。不但戰時如此，最近美國不過因為發見了經濟的危機，國會也就授權於大總統羅斯福，使得以其全權應付事變。

以上是說明，無論民主政治與否，國家遇着須要集中力量的時候，則必須把力量集中起來。中國今日現狀是如何呢？各位所知道的，無待多說。我們將一隻蝦蟆斬成數塊，塊塊都能跳動，這在生物學上叫做部份獨立；人就不然了，祇須將大動脈一割，立刻致命。就一方面說，似乎蝦蟆部份獨立的能力很大；就另一方面說，他因為部份獨立，所以不能集中。不能集中，所以不能

以全力抵抗，所以成為下等的有機體動物。與上等的有機體，如人類能夠心使身、身使臂、臂使指，有上下之別。中國今日，政治上、軍事上、經濟上都沒有統一的組織，因此不能集中，因此不能為大量的、整個的、有系統的犧牲，所以犧牲的力量是極微少的、極零碎的。那麼，犧牲雖然必要，但是並沒有絕對的把握，又不能不痛心的承認了。

充實與犧牲都是必要的，已如上述；都是沒有絕對把握的，又如上所說。然則，我們將何以挽救國難呢？兄弟以為，如果我們沒有信仰、沒有共同的信仰，則充實與犧牲都發生不了效用。如果有了信仰、有了共同的信仰，當一口氣尚存的時候用盡力去充實、到了最低限度的時候便去犧牲，則我們生命雖然不能保存，人格可以保存；國家生命雖然不能保存，國家人格可以保存。

我們的信仰、我們的共同信仰是什麼呢？是三民主義。國難之發生、國難之隨時可以發生，總理在《三民主義》裏已經明白的指出來了。不但明白的指出來，而且誠實的指出來。總理對於我們國家及民族的受病所在，從來不肯取虛偽的態度。因為一個人必須有了承認疾病的勇氣，纔能有救治疾病的勇氣。總理遺囑上說：「余致力國民革命凡四十年，其目的在求中國之自由平等。」因為中國不自由、不平等，所以要致力國民革命，以求其自由、求其平等。前者是指出國難之現狀，後者是指出挽救國難之決心。

至於挽救國難的方法呢？總理在《三民主義》裏也有明白指出。對於中國固有的文化，是要不忘本；對於世界的新文化，是要迎頭趕上。總理決不鄙視中國固有的文化，但也決不是復古。因為復古是祇看見自己、不看見別人的，是沒有比較的。而總理對於中國固有的文化，都是將世界文化比較起來，定其優劣、知所取捨的。

總理看出了中國固有文化優長之點，指示出來，叫我們不要忘本，這是民族復興的基礎。總理又絕不以保持中國固有文化為已足，策勵我們努力於吸收世界新文化。總理對於世界新文化，不是隨波逐流，而是主張迎頭趕上。

所謂迎頭趕上，其意義是怎樣的呢？據兄弟想來，是採取最進步的方法。對於世界新文化，無論是精神的或是物質的，必須擇其進步者而從之，這叫做迎頭趕上，這也是復興民族的基礎。

我們明白了國難的由來，具了解除國難的決心，抱定了不忘本和迎頭趕上的精神。有一口氣在便盡力充實，到了最低限度的時候便決然犧牲。這樣，國家的生命人格必可以保存。即使不能保存國家的生命，而保存國家的人格是必然的。

我們必須知道，充實與犧牲不是矛盾的事，而是互相為用的事，因為沒有充實是不能犧牲的。充實的目的，至少限度可以說是使犧牲的力量較為大些、較為厚些。這並不是說有了充實、做了藉口，便將犧牲置之度外。因為要犧牲，所以要有充實。有了充實，纔可以說到犧牲。如今有些人認為充實為懦弱、又有些人認犧牲為魯莽，這都是錯誤的。沒有犧牲的決心，不配說充實；沒有充實的力量，不配說犧牲。有了犧牲的決心，這充實纔有意義；有了充實的力量，這犧牲纔有價值。中國讓人進步在前已經六、七十年了，講到充實，誠然是談何容易？但是我們抱定了不忘本的意志、抱定了迎頭趕上的精神，充實得一分鐘是一分鐘、充實得一點一滴是一點一滴。只要努力不斷，則我們犧牲的力量必然逐漸加大、加厚。我們在充實時所耗費的心力以及犧牲時所耗費的血，必然能夠發生影響，延長國家的生命、保存國家的人格。

二十三年國慶日

出處：

- 汪精衛，〈充實與犧牲〉，《中央日報》，1934年10月10日，版14。
- 汪精衛，〈充實與犧牲〉，《中央週報》第三三二期（1934年），頁38–40。
- 林柏生編，《汪精衛先生最近言論集上下編》上編（上海：中華日報館，1937年），頁187–194。

救亡圖存之方針

一九三五年一月一日

目前的國難是很嚴重的，我們要解除國難，必須知道國難之由來。

國難之由來，總理在三民主義裏說得痛切明白，而概括在遺囑內說道：「余致力國民革命凡四十年，其目的在求中國之自由平等。」說是求中國之自由平等，可見得中國是不自由平等的了。一個國家在世界裏而不自由平等，那還算得國家嗎？那還不是國難麼？中國的不自由、不平等是幾時起的呢？是從締結不平等條約起的。所以遺囑上跟着說：「要廢除不平等條約」。不平等條約是幾時起的呢？是從鴉片戰爭以來起的，以後就日趨日下了。

總理說：「余致力國民革命凡四十年，其目的在求中國之自由平等。」可知國民革命之目的是求中國之自由平等，國民革命之使命也是求中國之自由平等。然則，總理為什麼先而主張運動推倒滿清呢？繼而主張推倒袁世凱及推倒南北大小一切軍閥呢？因為這些都是求中國之自由平等的障礙物。如果不掃除這些障礙物，絕不能引導中國人民走上去求中國自由平等之路。所以，這些掃除障礙物的工作，是國民革命第一步的工作，也可以說是前半期的工作。

總理曾說：「余自乙酉中法戰敗之年，始懷顛覆清廷之志。」這句說話，是因為看見乙酉戰敗斷送安南，而清廷頑固如故。總理不忍看見中國從此沈淪下去，所以下了決心，要顛覆清廷以改造中國。從乙酉到乙未足足十年，這十年當中，是總理醞釀革命的時期。至乙未年，而第一次革命發起於廣州了。乙未的前一年是甲午，那一年中國對日本戰敗，割讓台灣、澎湖列島及遼

東半島。後因俄、德、法三國干涉，日本交還遼東，卻又賠款二萬萬兩以為抵償。這一回的戰敗，比起乙酉之役更是悲慘。總理看見清廷腐敗至此，其顛覆清廷、改造民國之心益以加切，所以發起第一次革命。

從這一次之後到了乙巳，足足又是十年。這十年中，可以算是中國最危險的時期了。俄國自以干涉還遼，對於中國有莫大之恩惠，非得到相當之報酬不可。所以唆使德國佔領膠州灣，自己便佔領旅順、大連灣。法國也佔領廣州灣，英國因此就佔領威海衛及九龍，跟着各國更將中國各省劃為若干勢力範圍。瓜分之禍，可謂迫於眉睫。因此激出義和團的事變來，而各國聯軍也就於庚子那一年打入北京，索取四萬萬的賠款了。總理看見清廷愈鬧愈不成樣子，因此便到惠州發起了第二次革命。

及至辛丑和約告成，俄國藉口佔領東三省、不肯撤兵，因此發生甲辰、乙未日俄之戰，中國在這時候宣布中立。我們要知道，兩國交戰，第三國守中立，是平常的事。但是這回日俄交戰卻是在中國領土之內，以東三省作為戰場。中國任日俄兩國在領土以內交戰而卻宣布中立，真是奇聞。我們不能不沈痛的說，中國在乙酉中法之戰及甲午中日之戰雖然是戰敗國，卻還不失為一個交戰國。及至甲辰日俄之戰，中國則連交戰國的資格也失去了。什麼叫做宣布中立！其實只是等死、只是聽候宰割。換句話說，東三省是一定失去的了。誰是戰勝者，誰便得着。猶如一個人已注定做奴隸的了，誰有錢，誰就買了去一般。又如運動會的獎品，誰得勝，誰領獎一般。這些說話，真是痛心。

庚子以後，東三省原是俄國以兵力佔領着的。如果日俄交戰，俄國勝，俄國便永遠佔領了；日本勝，便由俄國之手移於日本將其佔領了。中國雖然是東三省領土的主人，卻沒有過問之權。這些說話，真是痛心。

總理在乙未、庚子兩役發起革命，當時人心未醒，應者寥寥。至於乙巳，便不同了。中國同盟會本部那一年成立，加盟者有十六省之眾了。從乙巳至乙卯，足足又是十年。這十年當中，雖然辛亥之役顛覆清廷、創建民國，但

是不久便發生歐洲大戰，日本因此進兵膠州灣與德國開戰。中國又是宣布中立，其情形與日俄戰時是一樣的。因此日本於佔領膠州灣之後，更進一步而作二十一條之請求。總理於癸丑以後，為袁世凱所排斥，亡命海外。看見這樣，毅然以復興中華民國自任，所以有中華革命黨之組織。

從乙卯到乙丑，足足又是十年。這十年當中，總理在國內和南北大小軍閥不斷的奮鬥，艱苦卓絕。當那年三月十二日逝世之際，所留以示國人及示同志者，求中國之自由平等是「廢除不平等條約」。

綜觀總理一生由乙酉至乙未，醞釀革命足足十年；由乙未至乙巳，發起革命足足十年；由乙巳到乙卯，進行革命足足十年；乙卯至乙丑，復興革命足足十年。連前帶後足足四十年，所以遺囑上說是「余致力國民革命凡四十年」。這四十年當中，就行事上說，是推倒滿清、推倒袁世凱、推倒南北大小軍閥；就目的上說，是要解救中國，使之脫離不自由、不平等之苦。因為要達到這目的，所以對於那些進行間之障礙物，不得不予以掃除。所以遺囑上說：「余致力國民革命凡四十年，其目的在求中國之自由平等。」

以上所說，國民革命之目的及國民革命之使命，可以瞭然。簡單一句話，中國不自由、不平等便是國難，求中國之自由平等便是要解除國難。頗聞有些人議論，各國革命多注重在求人民之自由平等。例如法國革命，便是平民不甘受君主及貴族不平等、不自由之待遇而起；例如俄國革命，便是無產階級不甘受資產階級不平等、不自由之待遇而起。何以中國革命不說求人民之自由平等，而說求國家自由平等呢？

這種疑問，如果留心法國、俄國革命的歷史及其當時環境，自然明白。法國在革命以前，本是歐洲一個強國，在歐洲國際間並沒有不平等、不自由之束縛。路易十四雖然專橫無道，國內人民備受苦痛，但是當時法國的國力卻威震歐洲；路易十五、十六的時候，國威仍然未墜。所以當時法國人民不感受到國家不自由、不平等之苦，而只感覺到對於君主及貴族不自由、不平等之

苦。所以法國革命的人權宣言，以人民的自由平等為其骨幹。雖因此受歐洲各國維持君主及貴族政體者之反對，甚至於共同干涉，亦毅然無所懼，出兵與之對抗。至拿破崙時代，且進而征服歐洲各國，將人權宣言的精神傳於歐洲各國了。這種的歷史及當時環境，與中國全然不同。

　　中國的地位，照方纔所說，自鴉片戰爭以來，已成為不自由、不平等的國家。總理在三民主義裏很沈痛的說，中國是一個次殖民地的地位。所以中國的革命，雖然為掃除障礙起見，要打倒滿清帝制；為團結人民起見，要建立中華民國。但這些只能說是準備工作，其基本工作卻是要求得中國之自由平等。換句話說，中華民國雖然建立起來了，但是在國際上的地位仍然是不自由、不平等的。必須要求得國際上之自由平等，然後革命之目的方纔算得達到。所以中國之國民革命，求國家之自由平等，先於求人民之自由平等。因為如果國家不能自由平等，則人民實際上不過成為各國之共同奴隸，又何自由平等之可言？必須國家得到自由平等，然後人民乃能得到自由平等。

　　法國革命情形與中國不同，已如上述。俄國革命情形，也是與中國全然不同的。俄國在歐戰以前，其黑暗專制可謂世界第一，而其國力之強也是世界第一等的國家，絕沒有所謂國際的不自由、不平等。及至歐戰既起，俄國革命黨人在俄國屢戰屢敗之際，趁勢起來，實行革命，推倒帝制。更進一步，對德要求停戰講和，俾得專力於對內。這在德國，固然樂於接受，因為這樣便可以專心致志對付西歐。而在西歐各國，聞此消息雖然憤恨，但也再沒有力量去干涉俄國。所以俄國革命得以從容進行，這和中國今日的情況沒有一些相同。所以俄國革命可以注重於人民之自由平等，而中國革命則必須注重於國家之自由平等。環境不同，則致力的方向自然也是不同了。

　　中國革命的環境和法國革命、俄國革命的環境全然不同，已如上述。求其約略相同的環境，則土耳其革命當時，卻有可資參考的地方。從前，世界稱中國做遠東病夫、土耳其做近東病夫。這兩個國家，外受列強的壓迫、內受

政府的鉗制，約略相同。土耳其青年黨看破了，不推倒腐敗政府，不能挽回國命、重張國勢，所以在一九〇八年六月廿四日舉行革命，逼迫土皇、復舉憲法，再於一九〇九年四月廿五日逼迫土皇讓位。但是土耳其青年黨方纔露些頭角、欲有所發展，早已引起奧國的疑忌。一九〇八年十月七日，突然宣言合併波、赫[50]兩洲。可憐土耳其青年黨剛剛做了一些改革事業，國內反動尚未平靜，對外發展更說不到，有何力量與奧國相抗？跟着一九一一年九月廿六日，意大利又對土國宣戰了；一九一二年十月十五日，土國戰敗講和，割讓支利波利[51]。而一九一二年十月十三日，希臘、布加利亞、塞爾比亞、門德內哥羅[52]聯合又對土耳其宣戰；一九一三年三月，土耳其又戰敗講和，簽字於極悽慘的割地條約了。土耳其經此幾回的創鉅痛深，一面發奮自強、整練陸軍，一面與德奧深相結納，遂於歐洲大戰爆發之際，加入德奧同盟方面，與協約方面作戰。希冀在此一戰，以鉅大的犧牲，爭回國家的自由獨立。誰知大戰結果，同盟方面不幸慘敗，土耳其在綏佛爾條約[53]的蹂躪之下，幾乎亡國。雖然賴有今總統凱末爾統率國民黨艱難奮鬥，建立安哥拉政府、重興土耳其、爭回國際的自由平等的地位，但是土耳其的人口比起戰前已少了三分之一、領土也已少了一半了。

　　我們由此可知，國民革命對於列強壓迫而要求國家的自由平等，恰恰和人民革命對於君主壓迫而要求人民之自由平等，一樣是要經過無數的犧牲的。君主對於人民之要求自由平等視為不安份、大逆不道。加以革命的罪名，要殺要剮；列強於弱國之要求自由平等，也視為不安份、大逆不道。重則發兵征討、勒令賠款割地，輕亦加以種種束縛壓迫。一則挫折革命勢力的

---

50 波斯尼亞、赫塞哥維納 Bosnia and Herzegovina

51 又譯作的黎波里 Tripoli

52 又譯作塞爾維亞、蒙特內哥羅 Serbia – Montenegro

53 又譯作色佛爾條約、塞夫勒條約

萌芽，使之不能發榮滋長；一則毀壞革命對於其本國人民之信仰，使之在國內不能安定、不能得到人民之擁護、不能得有成績以安慰國人及安慰革命黨人犧牲勞苦後之良心。噫！這種手段真是毒辣，但這是國民革命所必經之階段，無可避免的。

況且中國革命在歷史上絕非短時期所能結束的。各國革命，多在首都。政權變更之後，全國各地隨以轉移；而各國革命，多是人民與軍隊結合起來顛覆被革命之政府，重新建立革命之政府，沒有什麼內戰。中國則不然，歷史上除了權臣篡竊之外，革命多是起於各地。勢力既大，始進而傾覆首都。因此中國的革命，比起各國之首都革命費力既多、費時亦久。而且歷史上中國革命的中間及其前後，往往發生多次的戰爭。這種戰爭恍如兩國交戰一樣，因此費力更多、需時更久了。辛亥以來，中國革命也逃不了歷史上的先例。雖然辛亥之役戰爭時間不算延長，便已推倒清廷、建立民國，然而元年以後，戰亂相尋，迄無寧日。直至今日，國內還沒有完全統一；加以共匪為患，還沒有完全肅清。

國民革命之目的，本來是對外的、是要求中國之自由平等的。我們知道，平等是不容易得到的。我們要得到平等的地位、平等的待遇，必先要有平等的力量。所謂平等的力量，便是政治、軍事、經濟、文化樣樣都能與世界最強國有同等的力量。沒有同等的力量以前，要求得到平等的待遇、平等的地位，是不可能的。而這所謂平等的力量，又決非一朝一夕所能養成。即使國內革命之後立刻有了真正統一的政府，集合全國人民的心力極力從事建設，也需要相當的時間。何況中國自從辛亥革命之後，國內接二連三還有許多磨難呢！一方面國民革命之本來目的，已為列強所認識而加以注視；一方面革命後之真正統一遲遲未成，諸般建設無從着手。這便是國難嚴重之由來，也便是應付國難極感困難之由來了。

現在的國難，其鬱積醞釀至少已有了四十年。甲午中日戰敗，日本不止要求中國割讓台灣和澎湖列島，並且要求割讓遼東半島。卒因俄、德、法三國之干涉，將遼東半島還付中國。日本卻從此臥薪嘗膽、發奮報仇，所謂直接一面成立英日同盟，以與俄法同盟對抗；一面以俄國為標準敵國，積極的從事戰備。甲辰之役，一戰勝俄，遂承繼了俄國在東三省所得的地位。及至歐戰開始，更將德國勢力驅逐出膠州灣以外，因此取得二十一條。及至歐戰告終，在華府會議裏，受英、美、法三國之共同抑制，將膠州灣還於中國，二十一條的內容也削減多少。日本一時吞聲忍氣，又從事於積極的擴張戰備。直至二十年九月十八日，看見世界各國因經濟恐慌自顧不暇，遂乘機一躍而奪取東三省。

以上所述，國民革命之目的與國難之由來，已經大概明白。我們於此，可以得到一個結論——國民革命之使命是在打破過去的重重國難，克服現在的國難，以求得將來的中國之自由平等。我們明白了這種使命的意義，並且努力的擔任起來，則我們必須具有以下的幾個觀念：

第一、我們必須知道，現在的國難是意中事，不是意外；是鬱積了幾十年而爆發於一旦，不是忽然而來。我們必須下了決心，準備長期的奮鬥。

第二、我們必須知道，以前的推倒滿清、以及推倒袁世凱、以及掃除國內南北大小軍閥種種工作不是徒勞的，這是國民革命前半期的必要工作。經過了這些工作，方才能夠掃除障礙，使國內歸於統一；得以集合國內的心力、物力，以從事於後半期的國民革命工作。

第三、我們必須知道，後半期國民革命工作，便是直接用力以求中國之自由平等。所謂用力，便是政治、軍事、經濟、文化種種力量；所謂直接，便是與世界最強國較短長。我們必須具有與世界最強國同等的力量，方才能夠享受世界最強國平等的待遇。這是需要真實的力量，不是可以僥倖得來的。

　　以上三個觀念，是我們同志安心立命的所在。聞得有些同志將剿匪與禦侮看做兩件事，以為剿匪為輕、禦侮為重，這是很錯誤的。須知道剿匪即是禦侮，猶如要向前方去打仗，必須肅清後方。國內的匪患如果不能剿除，那麼我們步步受着牽制，有何方法去抵禦外侮呢？換一句話說，抵禦外侮，譬如向前打仗；剿除匪患，譬如肅清後方。向前打仗與肅清後方不能看做兩件事，所以剿匪與禦侮也不能看做兩件事。我們若要達到禦侮的目的，必須同心併力，先去肅清匪患。

　　又聞得有些同志，將軍事與外交看做兩件事，以為軍事方面固當審勢量力、不可輕動，外交方面則不妨利用國際形勢、活潑進行，這是很錯誤的。拿商業來做譬喻，軍事方面的力量猶如本錢，外交的手段猶如經紀。如果一個做經紀的不顧着本錢的多少，買空賣空去做投機生意，則其商業必然虧敗。現在的世界是以國力來賭生存的，在充實國力上，固然各種建設俱當分途並進，不可不以國防為中心，各種政策之運用亦然。在軍事的力量尚未相當準備以前，想在外交上突飛猛進，其危險是會將國家陷於滅亡之命運的。

　　我們試看普法戰爭之後，法國戰敗了。守着那句「心裏常常想着，口裏不要說着」之格言，埋頭努力，使政治、軍事、經濟、文化方面漸漸充實，方才締結俄法同盟，進而締結英、俄、法的協約，纔能於歐洲大戰中解除數十年來的國難。又看看歐洲大戰以後，德國的忍辱負重也是如此。現代如此，古代何莫不然？我們讀過《吳越春秋》，知道越王勾踐臥薪嘗膽、十年生聚，十年教訓，但是同時還不可忘了勾踐的男為人臣、女為人妾。須知道沒有發奮為雄的志氣而低首下心，便是偷生苟活；有了發奮為雄的志氣，而急於自見，也是輕率寡謀。這都不是救亡圖存所應有的決心與態度。

　　有許多人因為不明此理，所以懷着一種幻想，以為中國今日可於外交上求得出路，於是責備政府既不能戰、又不能和。我們試將他們的理論檢舉一下：

　　他們責備政府不能和的理由，以為今日政府既然自顧力量不能收復失地，那麼何不採取毒蛇螫手、壯士斷腕的辦法，忍痛言和，打開僵局，徐為後圖。例如蘇俄當革命之際，不惜與德國停戰講和，接受極屈辱的條件。當時蘇俄革命黨人未嘗不期期以為不可，而列寧獨毅然行之，卒之俄國革命的基礎因以奠定。中國國民黨既然以革命自任，應該有此決心與勇氣。既不能戰、即當言和，不應如此顧慮多端、優柔寡斷。這種責備似乎甚是，但他卻忘記了中國今日的環境，與蘇俄當日完全不同。

　　蘇俄當日雖然對於德國屢戰屢敗，但是當時德國一面在東歐與蘇俄作戰，一面在西歐與英、法、美、意聯軍作戰，已經極其吃力。如果蘇俄與德國講和，德國自然放下東歐一面，用全力去對付西歐，所以當時蘇俄之停戰講和是必然有效的。至於屈辱條件呢？列寧已經打算明白。如果德國一戰而勝，則倒霉者不只蘇俄，英、法、美、意一同倒霉，德國終不會出其全力單獨去鉗制蘇俄的；如果德國一戰而敗，則他的本身已經不能維持，有何餘力去執行這些屈辱條件？列寧對於以上各點，打算明白，所以敢毅然與德國講和，接受屈辱條件而不辭。明知這種屈辱條件不過白紙上寫些黑字，不能發生效力的。中國今日的環境與蘇俄當日有一點相同麼？自從「九一八」以來，中國與日本也曾以兵力衝突過幾次，如淞滬之戰、長城各口之役。除了中國以兵力抵抗以外，有其他各國動了一兵一卒麼？日本絕不是當時兩面受敵的德國，中國如何能做當時的蘇俄？有誰人能擔保說日本要了東北之後，如果得到中國一紙和約，便從此罷手、不再侵略呢？以為一和便可了事，未免太樂觀了。

　　至於他們責備政府不能戰的理由，以為既不能和，則只有出於一戰。試看歐洲大戰時候，比利時以一小國尚敢與德國抗，何況中國有這麼大的土地、這麼多的人民，怎的連做比利時的勇氣也鼓不起？這決不是以革命自任的中國國民黨政府所應出。這種責備更無根據了。

須知比利時與德抗戰之時，俄國已經對德國宣戰了、法國已經對德國宣戰了。比利時之對德抗戰是參戰，不是單獨應戰。何況當時已經知道英國也要對德宣戰呢！一方面是同盟德奧，一方面是協約的英、俄、法，比利時加入了協約一方面，就算勝利沒有絕對的把握，但是決不能預先決斷為絕對的失敗。那麼，比利時之參戰決不是意氣用事，而是經過一番老謀深算的。中國今日的環境與當時的比利時如何相同呢？方才已經說過，自「九一八」以來，武力衝突只有中日兩國。所以拿比國當時的情形來判斷今日中國的趨向，也是有些驢唇不對馬嘴。

以上所說，是證明每一個國家都有他一個特殊的環境，決不能印版相同；因此應付這個環境的方法，也就不能印版相同。固然，中國到了最低限度的時候，也只有寧為玉碎、不為瓦全。拚之處處流血、人人流血，眼前雖蒙着亡國的悲運，卻也下了將來復興的種子。這種決心，我們人人時時刻刻都應該有的。但是如果還有一絲有救亡圖存的機會，則斷斷不可將這一絲的機會錯過了去，必須專心致志的埋頭苦幹，國力多儲蓄得一分是一分。儲蓄起來，看清楚了特殊環境而善於運用，那麼救亡圖存的目的定然可以達到。不只救亡圖存而已，中國之自由平等也由此可以達到。這在乎我們之決心與努力而已。

出處：

- 汪精衛，〈救亡圖存之方針〉，《中山週報》第二十三期（1935年），頁6–11。
- 林柏生編，《汪精衛先生最近言論集上下編》上編（上海：中華日報館，1937年），頁201–218。

關於中日外交方針之報告

一九三五年二月二十日

在中央政治會議報告

一月二十三日，日本廣田外相在日本國會演說對華外交方針，其演辭已見日本、歐、美及我國各報紙。對於這篇演辭，各國重要報紙都曾加以批評，各位想都已見過，毋待兄弟重行陳述。現在兄弟願意將本人對於廣田外相的演辭所生的感想，向各位說明；也可以說就是對於中日外交的根本方針，這是應請各位注意的。

我們要使中國成為一個現代的國家，有兩個必要的條件，便是「統一」和「建設」。以我國過去制度的缺點，如交通的困難、經濟的落後、教育的不備種種原因，要想實現「統一」和「建設」，必需要長時間的和平。而且現代世界交通益便，各國相互間一切政治、經濟均息息相關，所以我們的愛好和平是廣義的。不僅中國自身要蘄求和平，且願各國自身各能保持和平，尤其各國相互間亦能確實保障和平。因此之故，中國對於任何友邦，都願意在平等互助原則之下，保持增進友誼與和平的關係，何況對於在地理上、歷史上、文化上、種族上和我國有密切關係的鄰國日本呢。

還記得十三年十一月二十八日，總理孫先生在神戶演說，有幾句話道：「照中國同日本的關係說，無論講到那一方面，兩國國民都是應該攜手協力進行，共謀兩國前途的發展。」這篇演說是總理一生最後的演說，凡我同志，刻骨不忘。而且總理一生對於中日外交的根本方針，也不離乎此。即就我國革命而言，自興中會、歷同盟會、以至辛亥革命的成功，都會得到日本朝野

友人間不少的同情和應援，這種事實，大凡參加過去革命工作的人，都能記憶得到的。從這一點更可看出，中日兩國的關係是應當如何親密的了。

但是不幸中日兩國間，不僅不能舉親善之實際，且二十餘年來，兩國間不斷地發生意外的糾紛，更不幸所發生的糾紛的嚴重性和危險性愈來愈大。不僅中日兩國間的關係為之益形惡劣，即全世界的空氣亦因此感覺不安。這實是中日兩國所應共同引為遺憾的，也是全世界所惋惜的。我們現在固然在極嚴重的國難當中，但我們終相信，中日兩國間的關係，既有過去如此悠長的歷史，現今所發生的糾紛，終歸是可以用雙方的誠意來解決的。

讀了這次廣田外相的演說，認為和我們素來的主張，精神上是大致吻合。中日兩國間既有如此的共鳴，加以相互的努力，中日關係從此可以得到改善的機會而復歸於常軌，這是我們所深引為欣幸的。我現在坦白地鄭重地聲明，我們願以滿腔的誠意，以和平的方法和正常的步調，來解決中日間之一切糾紛。務使互相猜忌之心理，與夫互相排擠、互相妨害之言論及行動等，一天一天的消除。庶幾總理當日對於中日攜手的希望，可以期其實現。

總之，如中日兩國的人士，不拘於一時的利害、不鶩於一時的感情，共以誠意主持正義，以為兩國間謀永久的和平，則中日兩國間之根本問題，必可得到合理之解決。這決不僅是兩國的福利、東亞的福利，也即是對於全世界和平的最大貢獻。

出處：

- 〈汪委員在中政會議報告對中日外交的根本方針〉，《中央日報》（上海），1935年2月21日，版2。
- 林柏生編，《汪精衛先生最近言論集上下編》上編（上海：中華日報館，1937年），頁227–230。

六中全會的使命

一九三五年十一月一日

四屆六中全會開會詞

各位同志：

自從五中全會開會以後，因種種關係，至今日纔能開六中全會。各位委員由各處來京出席，其人數之多，為本屆紀錄所未有。在這一點，可以充分表出各位同志奮鬥之精神，這是極可欣慰的。

六中全會開會以後，緊接着就是五全大會。所以六中全會是四全大會之結束，同時也是五全大會之開始。所以這一次的開會，其意義非常重要。

我們記得四全大會開會的時候，正值國難嚴重，所以四全大會的口號是「精誠團結、共赴國難」。四全大會之後，自一中全會以至今日，各位同志都是本着「精誠團結、共赴國難」的意義，努力去做。我們固然不敢說我們的努力已得有完滿的結果，但是歷次全會都是照着這方針而進行的。

如今五全大會開會期近了，國難嚴重，比之四全大會時候有增無減。我們在這幾年當中，看見了各位同志的努力。其中如剿匪之努力，已得了極大之成績；其他建設，也得有若干成績。但這種成績並不能使我們得到滿意的安慰，就是因國難並未解除，而且更加嚴重，我們須要更加勞苦、更加努力，照着四全大會所定方針做去，並以之貢獻於五全大會。

自五中全會以至今日，所有各種工作，在此次全會裏，當有詳細報告，恕不先述。今當開會之際，所能報告者，便是精誠團結的精神，永永不

散。我們對於國難之痛心，增加了我們無限的努力。我們決心以無限的勇氣，來擔負這責任，來謀國難之解除。我們度德量力，對於橫逆之來，不能不盡其最大之忍耐，同時我們抱着不計成敗利鈍之決心，對於最後之關頭，不能不出以斷然之犧牲。我們盼望本此精神及其決心，在此次全會裏得到極有價值的討論，因而得到極有價值的決議，以見之實行。

出處：

- 〈六中全會開幕典禮〉，《中央日報》（上海），1935年11月2日，版2。
- 汪精衛，〈六中全會開幕汪院長致開幕詞〉，《四川省政府公報》第二十八期（1935年），頁7。

對於僑胞幾句話

一九三七年一月十日

今早兄弟搭的船將近馬頭的時候，兄弟看見各位僑胞的熱烈、同情、和童子軍的精神、紀律，使兄弟十分感動、十分紀念。而因時間關係，未能與諸位多談。又累諸位在馬頭立了許久時候，使兄弟又十分抱歉。如今託《新聞》、《新中國》、《公理》、《華僑商報》幾間為民喉舌的機關，登載兄弟所要說的幾句話，作為兄弟的答謝，及兄弟對於各位僑胞的祝望。

各位僑胞第一件關心的事，無過於國事。國難誠然到了嚴重的關頭，內憂外患誠然是重重煎迫，但兄弟敢說一句話。數年以來，中央是有整個的計劃和一定的步驟的；數年以來，政府有抗戰的時候，也有隱忍的時候。這些都是有意義的、不是矛盾的，而且是逐漸的、積極的進行着。我們如今只要舉國一致、沈着勇敢的做去，死中求生、亡中求存，爭最後關頭，為中國之獨立自由，盡最大之努力。雖然無可樂觀，但也不必悲觀。

第二件關心的事，便是各位在居留國之經濟與生活。僑胞之勤勞、儉約的美德，是世界知道的。我們若能互相勉勵，向着合理化、紀律化勇猛精進，必能得居留國政府及人民之重視，關係日益親睦，一切經濟生活都有蒸蒸日上的希望與把握。

時間不多，把筆起來，無數的話，寫也不盡。兄弟謹將一顆赤心，獻給各位。願與各位共嘗國難期間的痛苦，共在痛苦中努力掙扎，為中國求得一

條出路。無論何時，心心相印，互相信任，互相倚仗，不斷的努力，至於最後
之一息。

　　末了，兄弟對於各位僑胞
致敬

一月十日正午
手書

出處：

● 〈汪精衛致僑胞親筆書墨蹟〉，《僑務月報》第一期（1937年），頁9–10。

對於僑胞說的話　汪精衛

今天兄弟搭的船將近馬頭的時候、

乃看見各位僑胞的熱烈同情、和貴

五軍的精神紀律、使兄弟十分感

動、十分紀念、西因時間關係、未能

与诸位多谈、又累诸位在马头立

了许久、辛苦、使以予又十分抱歉、

好多记新闻、新中国之理華僑商

報我们的民愿舌的檄闻、登载

无所爱说的部句话、作为以只

我的答谢、及此布对打多位

了僑胞的祝望。

各位僑胞第一件關心的事，是

迢迢打國事，國難減至到了嚴

重的關頭，內憂外患減至些，

而且並起，但先為報說一句

話，數年以來，中央並有整

廿个的計畫和一定的步驟的人數

年以來，政府有抗戰的步驟也

有建國的步驟，這些都是有

意義的，不是矛盾的，宣告

逐漸的積極的進行著，我們

的第一要舉國一致沈着奮勇

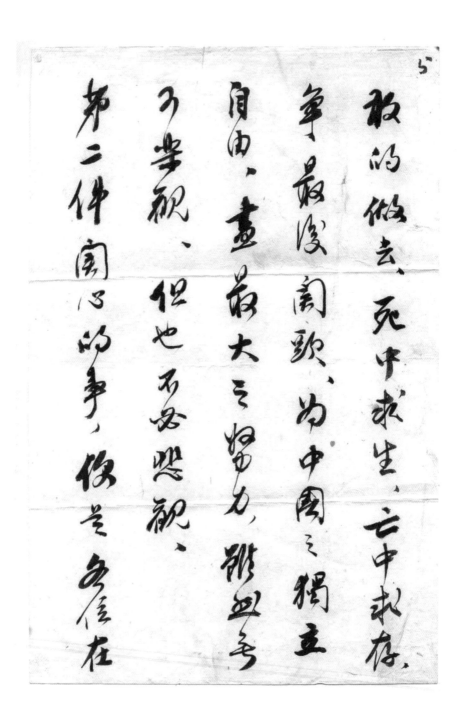

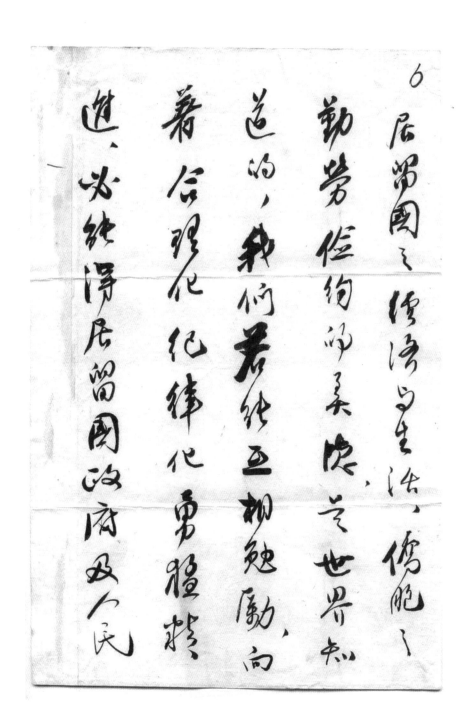

6

居留國之僑胞皆生活，僑胞，

勤勞儉約之美德，為世界與

道的，我們若能互相勉勵，向

著合理化、紀律化、勇壯精，

進，必能得居留國政府及人民

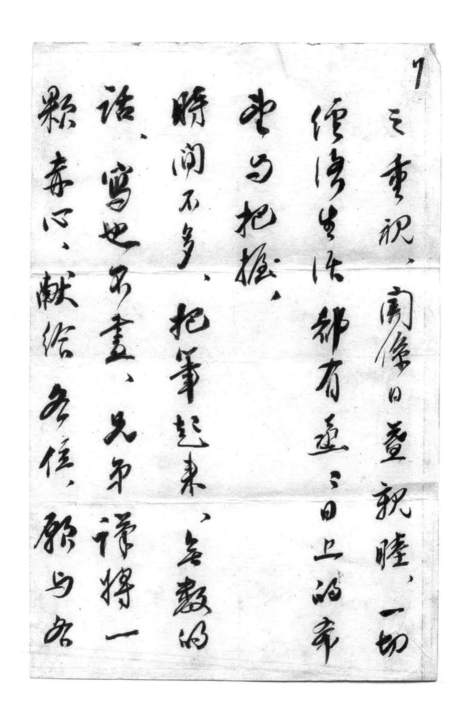

8

位共嘗過旅勁向的痛苦並在

痛苦中掙扎為掙扎為中國求

得一条出路、各謀的時心：

切却、互相信任、互相倚伏、

不顧努力 互打最後之

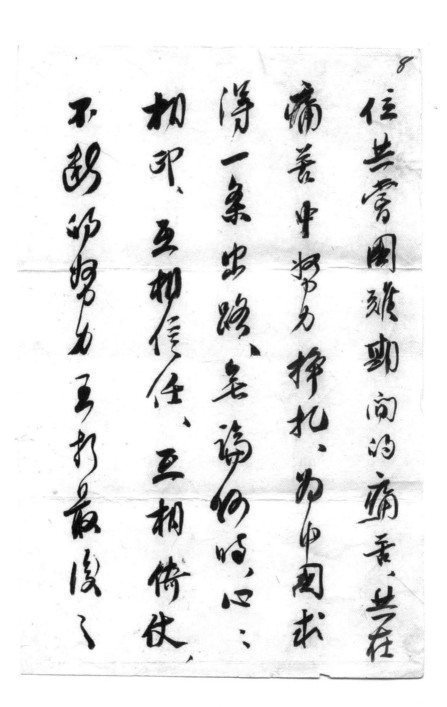

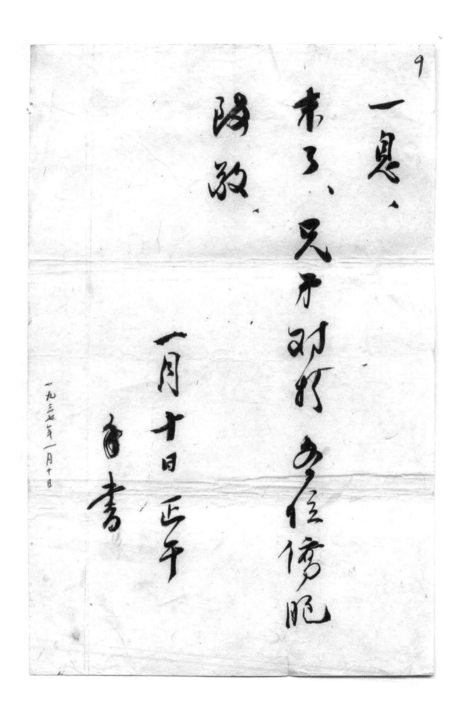

歸國途中之談話

一九三七年一月十四日

一、在熱那亞對西安事變之談話

十二月二十二日，汪精衛先生由意大利熱那亞下船，啟程歸國，臨行對記者發表談話如左：

　　數年以來，中國在內憂外患重重壓迫之中，艱難捷拄，謀以一致之團結、備最後之犧牲。日積月累，始獲得幾微之進步。最近綏遠之守土禦寇，即為進步之一徵。正當戮力同心以謀貫徹，乃西安事變突然而起，隳國家之綱紀、紊軍隊之紀律。此逐漸獲得之進步將橫被摧殘，而內憂外患將益陷於紛紜。此而言禦侮，真所謂南轅而北轍者。中央對於此次事變一切決議，已顯示吾人以努力之目標。中國之奮鬥，有賴於蔣介石先生之領導，吾人當力謀其安全與自由之恢復。余自傷病，數月以來，在歐療治，本已決定最近期內回國。自聞西安事變，尤切痛心。中央復有電催，故即日首途回國。以後當與諸同志一致努力，以期挽回此危局也。

二十五年十一月二十二日

二、過新加坡關於請赦兇案人犯之談話

汪精衛先生六日抵新加坡，七日原輪歸國。當地各記者登輪請謁，承談如左：

本人蒙中央給假養病，數月以來，漸見痊可，原定去歲十一月中旬搭船回國。嗣以膽囊炎忽發，遂致延期。及十二月中旬，聞西安事變，不勝焦灼，遂於二十二日下船。二十六日接蔣先生安抵首都之電，始為釋然。

關於救亡圖存之方針，中央本有整個之計劃與一定之步驟。自蔣先生兼長行政以來，中樞充實，國力增進；外交應付，至為得宜。惟有舉國一致，循此努力。至于其他問題，擬俟抵京與諸同志詳細商榷，此時無甚意見發表。

最後關於行刺本人之案，欲有一言。本人前次以事關司法正在審理期間，不便發言，近聞案已判決。竊思本人生平並無私仇，而最近數年承乏行政，正值內憂外患重重煎迫之際，雖殫心竭力而艱難周折，外間何從得知？倘因此誤會致生暴舉，于情不無可原。擬回京後，懇請國府將一切牽連犯人，從寬赦免。

二十六一月六日

三、抵上海之談話

汪精衛先生於一月十四日抵滬，輪次發表談話如下：

兄弟去年十二月廿二日在熱那亞下船，曾發表書面談話；一月六日過星加坡時，復有書面談話發表；十日過馬尼剌[54]，曾以此兩書面談話交與報界；十二日過香港亦然。今併檢出，以供參考。至於其他記載，未經兄弟核閱，不能負責。

---

54 又譯作馬尼拉 Manila

　　國內重要問題，當前待決者固多，然兄弟未與中央同人詳細討論以前，不欲單獨發表意見，此層尚望各位原諒。今只能為各位一述近來感想：

　　兄弟在歐數月，因療病關係，未獲與政府及各界多所往還。然聞見所及，覺友邦人士對於我國處境之艱困，多抱同情；而對于我國之一致努力求生存、求進步，尤抱甚多之期待。此良可感慰者。歸舟經星加坡、馬尼剌、香港等處，接晤僑胞及披閱國內寄來之報紙，則兄弟之感觸尤深。覺得當急難之時，無內無外。自中央及地方以至各界，皆有一致之認識及一定之主張。而休戚相關之情，其流露自然而懇切，此真總理平日親愛精誠之訓、九一八以來精誠團結之真實表現。有此真誠，我國之死中求生、亡中求存，於是乎賴。本此真誠而充分發揮之，則全黨同志、全國同胞之中，有何隔閡不可消融？有何猜疑不可冰釋？所願相與電勉，以求日進者也。

　　最後尚有一言。中國今日當務之急惟在救亡，而救亡則有賴於民力。民力之增進，即救亡力量之增進，不可不加意培養。培養之法，固在精神淬礪，而物質供給亦同等重要。中國國力之不振，由於民生之憔悴，故一般人民生活狀況之改善，及痛苦之解除，所以救民亦即所以救國。此又所願視為一事，而相與努力也。

二十六年一月十四日

出處：

- 〈汪精衛談話〉，《益世報》（北京），1936年12月23日，版3。
- 〈汪離新時談話，擬請國府赦免行刺案牽連人犯〉，《太原日報》（太原），1937年1月9日，版2。
- 〈汪在途中發表談話〉，《大公報》（天津），1937年1月9日，版3。
- 〈汪於盛大歡迎中到滬在輪次發表書面談話〉，《大公報》（天津），1937年1月15日，版3。
- 林柏生編，《汪精衛先生最近言論集上下編》下編（上海：中華日報館，1937年），頁3–5。

怎樣救亡圖存

一九三七年一月十八日

在中央黨部紀念週演講

　　兄弟自從前年十一月一日在中央黨部門首負傷之後，因為新傷，引起舊病，纏綿數月。直至今日，方纔再與各位同志在中央黨部重新見面，實在萬感交集。尤其想起這數月中，各位同志本着五全大會、一中二中全會所定對內對外方針，在蔣介石同志領導之下，努力奮鬥。於內憂外患重重壓迫之中，得了不斷的進步。而兄弟因傷病關係，不及參與，越是覺得惶愧；越是對於各位同志之艱難努力，深致敬意。

　　去年十二月十二日的「西安事變」，是極可痛心的。幸而中央之處置得宜，蔣同志之精誠感格、各同志之一致努力、各民眾之同心同德主持正義，使此次事變得以轉危為安。我們惟有益加奮發，以期完成我們革命的使命。

　　兄弟從海外歸來，沿途經過各埠，看見僑胞，大都對於國內各種重要問題，有所詢問。兄弟因為沒有和中央同人詳細討論以前，不願單獨發表任何意見，所以只是對於僑胞説了一些感想。今日初到此間，與各位同志相見，兄弟所能説的，仍是一些感想。

　　數年以來，我們同志在中央所定方針之下，積極努力。想在內憂外患之中，打開一條出路，其共同的口號是「精誠團結，共赴國難」。因為我們深深感覺，當這關頭，若要死中求生、亡中求存，全靠自力。所謂自力，決不是孤立的意味。世界上任何國家、任何民族，在共同生存發達的意義上，我們無不願意與之攜手。其沒有侵略的野心的，我們固然願意在兩利的原則

之下，共同努力；即使有侵略的野心而且見之於行動的，我們也願意以十二分的誠意與忍耐，求其覺悟，走上共同生存發達之途。我們於奉獻我們的心之外，我們還準備揮灑我們的血。因為在侵略的情形之下，友好是無從講起的。我們需要大量的流血、不斷的流血，一直流到侵略的人放下屠刀説「你們的血，流得夠了」。那時候纔是侵略終了，友好開始。我們所謂自力，是盡其在我，不是孤立。

我們抱着這種決心來應付國難，已經數年於茲了。這數年中，雖然有種種變故、種種誘惑，我們的決心未嘗因之搖動。例如從前有人説過共同防共，我們認為目前中國的防共問題是限於國內的。我們相信，我們的自力足以防共而有餘。如果不是這幾年來內憂之外還有外患，我們防共早已完全做到了。即使內憂之外還有外患，而事實告訴我們，防共的着着進行，並不因之而阻止。雖然受了不少的阻撓和牽掣，自江西起，以至湖南、貴州、雲南、四川，以次肅清了。這便是我們能以自力防共的最大證據。

又如有人説道「人民陣線，共同禦侮」，這個口號比較更要流行。我們於此，要有注意的幾點：

其一、兄弟以為所謂精誠團結、共赴國難，固然不是專指黨內的，而是普及全國的。但是所謂人民陣線，是有一定的意義與範圍的。例如法國現在也有人民陣線的口號，其內容是各黨聯合，在一個同一目的之下，站在同一戰線；其最要條件是各黨都沒有武裝。法國內閣總理萊翁勃崙[55]解除了火十字團的武裝，同時也不許共產黨及其他團體武裝。法國只有一個政府，並沒於法國民主政府之外，更有所謂蘇維埃政府；法國只有一種軍隊，並沒於法國國防軍隊之外，更有所謂紅軍。法國的人民陣線，是這樣纔能發生、纔能存在。這一層，希望援用人民陣線口號的人們，加以注意。

---

55 又譯作萊昂·布魯姆 André Léon Blum

其二、有人說道：「當今之務，攘外為先，安內為次」。殊不知安內攘外是一件事，不是兩件事；不應從輕重來分，而應從先後本末來分。因為對外是以勝負來決定生死存亡的，必須本身有對外的能力，方纔有對外的把握，斷沒有本身不健全而可以言對外的。我們總還記得，淞滬之役，政府調江西軍隊赴援，而共匪即猛攻贛州；古北口之役，政府調長江軍隊赴援，而共匪即破撫州、攻南昌。經此兩次創痛，武裝同志以及明瞭內容的人們銘心刻骨，知道不安內不能攘外，所以纔有這幾年間的血戰。這血戰並不是看得安內較攘外為重，而是深知安內為攘外之先着。這一點不可不加以深切之注意。

其三、有人說道：「共匪已經有共同禦侮的表示了，可見與昔日情形已經不同」。然而，我們要知道，這種表示是否靠得住呢？有沒有保障呢？從前的事實告訴我們，當第一次全國代表大會的時候，共產黨曾經鄭重聲明，他們之加入國民黨，是為國民革命而來，不是為宣傳共產而來。但是後來，他們所行，不踐所言。國民黨裏頭，有些還是相信他們的、有些已經懷疑的。因此之故，國民黨內接續不斷的起了數年糾紛。事後判斷，不是國民黨誤信，而是共產黨失信。但是共產黨肯說是失信麼？他們以為革命是為目的不擇手段的，所謂守約守信，在他們看來是封建的道德，不值一顧。他們的觀念是如此，我們有什麼理由可以相信，他們的表示是真實的並且是有持久性的呢？這種過去的痛苦經驗，不能不值得喚起我們的注意。

以上所舉，是將已往的事實來加以說明。我們今日固然需要全國人民不分界限，共同努力；同時，我們也不能不看清了環境，立定了腳跟。不要使我們關於救亡圖存之整個的計劃、一定的步驟，因疏忽之故而受了莫大的打擊。甚至使國家前途，陷於西班牙目前悲慘的境遇。

兄弟的意思，以為我們今日：

第一步：必須領導全國向着三民主義的路線，猛向前進，方纔能夠集中全國的力量，以奠定國家的基礎。

第二步：必須充實國家的力量，能自救、能自立，方纔夠得上和世界上任何國家做朋友。

這是數年以來，中央所給予我們的一個努力的目標。所當堅守不移，前進不息的。

以上是兄弟近來的感想，望各位同志指教。

出處：

- 汪精衛，〈怎樣救亡圖存〉，《中華月報》第五卷第二期（1937年），頁5–8。
- 林柏生編，《汪精衛先生最近言論集上下編》下編（上海：中華日報館，1937年），頁7–13。

論民主政治

一九三七年一月二十一日

在行政院各部會長歡迎會演講

二十一日下午四時，行政院各部會長在國際聯歡社開茶會，歡迎中央政治委員會主席汪精衛。首由孔副院長庸之致詞，大意述自二十一年來，各部會同人與汪氏共同努力之經過，及此次欣盼回京之意。並謂因汪氏病體戒口，故謹備薄茶，略表敬意。旋由汪氏起立致謝，並略述療病經過；及一年來蔣委長兼長行政，與各部會同人勵精圖治，國防建設及財政、外交均有顯著進步，本人至為感佩。其大意已見各報，不復贅錄。惟其中論民主政治一段，各報有未及登載者。由汪氏親自撰錄，茲發表如次：

　　　　剛纔孔先生要兄弟述在歐數月的感想，兄弟實在慚愧，覺得沒有什麼貢獻。因為數月中均在療養院，與歐洲各界人士絕少往還，聞見不廣。勉強說來，當歐洲大戰以後，推倒了不少君主專制國家。建設了民主政體，都是根據十八、九世紀以來的民主學說，制定新憲法。當時一般人士觀察，均以為民主政治從此盛行、民主政治當為政治之極。則料不到忽然有蘇聯無產階級獨裁政治的出現，忽然又有意大利法西斯主義、德意志國社主義[56]相繼出現。這兩種政治，內容、形式各有不同，其是非得失亦暫不欲討論，但其為民主政治之反對者，則誰也不能否認。

---

56 即納粹主義

　　因此一般人士又有一種感覺，以為民主政治將在這夾攻形勢之中，即於沒落。然而英、法不仍是民主政治麼？美國不仍是民主政治麼？中華民國是民主的國家，中國國民黨是民權主義的奉行者。數年以來，蔣委員長對於中國不適宜獨裁政治，鄭重說了有多少遍？中國現今及將來仍將向着民主政治這條路走，是無疑義的。

　　民主政治的反對論者，列舉民主政治的最大缺點，不外選舉的流弊多、多數取決之不足恃。以及行政系統因受其他機關之牽掣，動作遲慢、效能低微，以至軟弱無力等等。其實這些缺點，總理在民權主義中早已看出，並且早已加以修正了。我們確信民權主義是一種最適合於民主政治的學說原則，絕不是隨意模仿十八、九世紀以來的民主政治學說者所可同日而語。如果根據民權主義以推行民主政治，絕對不會有以上所舉各種流弊的。

　　即以現今英、法、美等國之民主政治而論，其在平時固然給與人民政治上之自由較多，政府措施之能力有時候實在不免稍為軟弱，然一到國家有了非常變故的時候，政府權力之集中、行動之敏捷，可以充分發揮，無虞掣肘。歐戰當中，這種現象已經顯着。不惟歐戰時、國家危急存亡之際，應當如此；即如最近數年，美國以救濟經濟恐慌之故，國會授與大權於大總統羅斯福，俾得行使自由。美國是現今世界上富強的國家，遇有小小危機尚且如此，何況中國現在尚是訓政的時候？又是內憂外患重重交迫的時候？如有良好的政府，人民予以信任，使得盡心竭力，完成救亡圖存的計劃與步驟，是極為當然的。

　　還有一層，正為平時將政治自由給與人民愈多，一旦有非常之變，則應付更加容易。因為國家由人民集合而成，人民的政治能力強大，則國家的力量亦因以強大。好比軍隊一樣，如果平日士兵操練有素、能力充足，則一旦有事舉行動員，這種軍隊定然是最勇敢、最有紀律的軍隊。世界的政治學說，對於機關的權限如何雖有問題，對於培養人民的政治能力是絕無疑義的。即如最近西安事變，固然中央處置得宜，蔣先生精誠感格，而全國輿論及人民意思之

表現極一致、極嚴肅，實在是一種強有力的後援。由此可知，培養人民的政治能力，在救亡圖存中實為重要原則。深願批評民主政治者，於此一點不要忽略。

至於政府權力之應該集中、應該統一，以期應付國難，與培養人民的政治能力，並無矛盾。蓋應付國難，政府與民眾相依為命，是其本質；政府盡忠於人民、人民信任其政府，是其活動。政府沒有民眾作基礎，無論民主政治不能樹立，即獨裁政治亦不能樹立，例如蘇聯是有無產階級為其基礎。意、德是有其多數職業的人民為其基礎，這些人民一方面痛恨大資本家之暴橫、一方面痛恨共產黨之擾亂，所以誠心誠意擁護政府，以求復興；英、美、法等，則各黨各派，各代表一部份人民的利益，在一定的政治方式內，聯合存在。雖其形態種種不同，而其以民眾為基礎則是一樣的。

中國今日在內憂外患重重交迫之中，惟有以整個國家、整個民族的共同利益為根據，以求團結，方能立得定一個強有力的基礎。由此強有力的基礎，以建築強有力的機關，即所謂政府，以應付國難。這正是向着總理所定民權主義的大路上走去，救亡圖存有賴於此。謹舉此杯，祝蔣院長的健康及各部會長官暨同人的健康。

出處：

- 〈汪主席講民主政治〉，《大公報》（上海），1937年1月24日，版3。
- 汪精衛，〈汪主席前在歡迎會中暢論民主政治〉，《四川省政府公報》第七十期（1937年），頁8–9。
- 林柏生編，《汪精衛先生最近言論集上下編》下編（上海：中華日報館，1937年），頁21–25。

汪主席廣播演講怎樣救亡圖存

一九三七年一月二十二日

二十六年一月二十二日在中央廣播電台講

　　諸君，今晚兄弟所要講的是怎樣救亡圖存。所謂救亡圖存，是因為亡國之禍就在眼前。我們要想什麼方法來救他？亡國之禍所以迫在眼前，因為內憂外患重重交迫。

　　先說外患。如九一八之後，先失東三省、復失熱河，其間還有淞滬之戰、長城各口之戰。察北、冀東以及河北，都處在極惡的環境。這樣的鯨吞蠶食，可使中國陷於滅亡；再說內憂。共匪所到，民生塗炭。由江西向湖南，而貴州、而雲南、而四川，以至陝甘。這樣的所至糜爛，也可使中國陷於滅亡。以上二者，有一於此，已為亡國之禍。何況這二者好像有了密約，將兩把刀由兩條路殺入，如今更漸漸合攏起來了呢。

　　有人說「與其亡於外人、不如亡於共匪」，須知亡總是一樣的，我們不要坐視其亡，而要救亡。有人說「蘇俄行了共產，何嘗亡國」，須知蘇俄的國家環境與我國全然不同，革命時候也與我國全然不同。而且除了蘇俄之外，歐洲有些國家想行共產，無不陷於危亡。大戰後的匈牙利因為想行共產，被羅馬尼亞打入京城，諸君總還記得。所以大戰後勝利的意大利，一度共產。騷擾之後，趕緊便有法西斯來抵制他；大戰失敗後的德意志，一度共產。騷擾之後，趕緊便有國社黨來抵制他。西班牙還不算實行共產，祇不過接近共產，已經發生大亂。亂事結果，尚未可知，眼前已將西班牙割成兩塊，而且馬德里京

城已經粉碎了。由此種種看來，不特中國目前實行共產可以亡國，即使接近共匪、受其操縱，也足以引起大亂而至於亡。

數年以來，中國在這內憂外患重重交迫之中苦苦掙扎。顧得肅清內憂，便顧不得捍禦外患；顧得捍禦外患，便顧不得肅清內憂。數年以來，政府、人民陷於這個夾攻的形勢之中，焦頭爛額，真是說不出的苦痛。在這樣夾攻的形勢之中，要想出方法打開一條生路，是很不容易的。數年以來，積了無數苦痛的經驗，方纔定出一個救亡圖存之整個的計劃和一定的步驟。尤其是一年以來，這個計劃和步驟已經着着的向前進，為舉國所一致認識了。如果這個計劃和步驟沒有意外阻撓的話，我們相信在最短期間，內憂可以告一結束。因為共匪竄至陝、甘以後，漸漸窮蹙，人所共知。如其洗心革面，不難就範，否則只有歸於消滅。中國可以全力對外，無復內顧之憂了。想不到忽然有去年十二月十二日的西安事變，更想不到蔣委員長平安回京以後，還有一部份軍隊負隅抗命、甚至赤化的舉動。這樣一來，內憂愈加複雜，外患也必愈加猖獗。

我們如今講到救亡圖存，卑無高論，惟有誠心呼籲全國民眾，認清環境、立定腳跟，仍向着救亡圖存之整個的計劃和一定的步驟做去，萬不可為共匪所搖惑，中了他挑撥離間的毒計。因為救亡圖存之計劃和步驟，雖然條理萬端，總括起來，不外「對外要保衛國土」、「對內要團結民眾」的兩個口號。這兩個口號，如今為共匪所偵悉而假藉之，以行其挑撥離間的毒計了。

先就「保衛國土」來說。我們只看最近的綏遠，守土禦寇已經有了相當的進展。這種進展，不是容易得來的。自從淞滬、長城兩次戰役之後，政府及人民深深感覺到種種缺乏，相與不斷努力、從事補救。一面忍耐、一面加緊工作，方纔得到這個進展。中央當局的領導、地方當局的同心合力、全國人民的一致後盾，都在這次表現出來。而在這吃緊的時候，忽然的最高統帥，幾蒙不測；忽然的地方割據，又將重演。後方及側面有此搖動，前線亦因之旁皇，

這是何等苦痛的事呢！這種舉動明明是分裂國土，而共匪卻偏要假藉抗戰的名義，以保衛國土之名，而行分裂國土之實。

再就「團結民眾」來說。自國難發生以來，由國難會議以至於最近籌備中的國民大會，都是民眾團結表現的。我們必須知道，團結民眾，惟有國民黨才做得到來，決不是共黨能做得來。何以呢？國民黨是以國民革命為目的的。所謂國民革命，是求整個國家、整個民族之生存及其發達。故以整個國家、整個民族的共同利害為基礎而求其團結，於理於勢均是必然的；共產黨是以階級鬥爭為目的，主張以一個階級打倒其他各階級，故拆散人民的聯合戰線，也是於理於勢均是必然的。試看當全國一致守土禦寇的時候，忽然的從中操縱，使同在國民革命軍旗幟下的部隊發生裂痕、使同在中華民國國旗下之領土發生裂痕。這便是拆散人民的聯合戰線的一個極大證據，而共匪卻又偏要假藉「人民陣線」的名義，以團結民眾之名，而行拆散民眾之實。兄弟剛才所說挑撥離間的毒計，即此可見。

兄弟以為，我們今日若要救亡圖存，惟有依原定計劃與步驟努力做去，以期其實現。而期其實現，惟有全國民眾以全力為政府之後盾，無貳心、無歧途、沈着勇敢、猛向前進。使挑撥離間之毒計，無所施展；使懷有野心乘時割據之企圖，無所發生。這樣方纔可以肅清內憂、這樣方纔可以抵禦外患。目前救亡圖存之要着，莫大於此。

出處：

- 〈汪主席廣播演講怎樣救亡圖存〉，《民報》（上海），1937年1月23日，版2。
- 〈汪主席廣播演講怎樣救亡圖存〉，《時事新報》（上海），1937年1月23日，版2。
- 汪精衛，〈汪主席廣播演講怎樣救亡圖存〉，《中央民眾訓練部公報》第十三、十四期（1937年），頁74–77。

安內與攘外

一九三七年二月一日

在國民政府紀念週演講

主席、各位同志：

上月十八日，兄弟回到首都參加國民政府紀念週的時候，主席曾命兄弟說幾句話。當時因為去國已將一年，深恐所說的話無甚切要，所以格格不吐。今天復承主席的命，仍恐所說的話或有不當、或已為諸同志所已知並且已行。惟有借這機會，請諸同志加以指正。

去年四月間，兄弟初到歐洲療治傷病的時候，耳聞目見的，大半是對於集體安全的失望。大意以為集體安全的弱點已暴露無遺，此後惟有各個國家各個決定自己的命運。大戰後勝利的國家則盡力於怎樣保守既得的權利，失敗的國家則盡力於怎樣恢復已失的權利。盡其力之所至從事戰備，不但將預備用於增進福利的社會事業經費大部份移於戰備之用，甚至每個人民都節衣縮食，預備將一點一滴的血汗都用於國防。

再過數月之後，耳聞目見的又稍稍不同了。各國政府及人民努力於從事戰備，並沒放鬆，而且祇有加緊。然而對於集體安全的失望，卻稍稍變了觀念。他們誠然承認集體安全的弱點，但是卻不以之歸咎於集體安全的制度，而以之歸咎於自己。以為集體安全的制度所以有如此弱點，無非由於各會員國不肯努力於增進集體安全的關係和加強集體安全的力量。此後不應祇對集體安全失望，而應使集體安全的制度更能在世界上樹立起來，獲有長足的進步。

　　固然，戰勝的國家對於既得權利依然不捨得放棄，然而對於戰敗的國家恢復已失權利的迫切要求，卻不敢過份的輕藐和漠視了。這種加緊戰備的工作和維持集體安全制度的工作同時並行，似乎是矛盾的，其實是一貫的。因為厭惡戰爭、希望和平，固然是人同此心、心同此理，但是沒有戰爭的準備和決心，是萬萬不能維持和平的。維持和平的責任，決不能屬之那些偷安苟活、得過且過的人們，而當屬之那些時時刻刻提心吊膽、摩拳擦掌去預備戰爭的人們。換句話說，越是預備戰爭，和平越不易決裂。必須大家知道戰爭之不易、戰勝之沒有絕對把握，方纔肯向着維持和平那條路走。

　　萬一不幸，和平不能維持、戰爭終於實現，也必須大家知道那破壞和平的戎首是誰。不但國外的人個個知道，便連他自己國內的人也個個知道。窮兵黷武的猙獰面孔，絕不能以自衛的面具來掩飾的。如此，則窮兵黷武者雖然或可以飛揚跋扈於一時，而終必為全世界及他自己國內的人所共棄。集體安全的制度，雖然或不免受一時的挫折，而跟着的進步是必然的。最近數月，歐洲各國對於集體安全的觀念，似乎是這樣演進。這自然說不得是我們最高的理想，但目前的趨勢，似乎只有這樣的。

　　在這趨勢中，中國的情形是怎樣呢？論起我們原來的志願，是想在國際和平的環境裏，努力的把中國建設成一個現代的國家。無如數年以來的現象，與我們的志願實在相違。不但無和平之可言，而滅亡之禍且迫於眉睫。我們的政府及人民祇有咬緊了牙齒、立定了腳根，去做救亡圖存的工作。其對外方針，數年以來，已經中央再三說明了。不惟說明，且已逐漸見之事實了。以交涉論，努力於恢復外交常軌；以抵抗論，努力於不使領土主權稍有喪失。這種方針，是救亡圖存所必由的途徑。以前是如此，現在是如此，將來也是如此。

　　兄弟如今所要說的，不是將這種方針加以討論，而是這種方針怎樣的才能排除困難，以獲得不斷的進步。兄弟以為若要對外方針能著著進行，必須

國內的統一與安定。舉個譬喻，若要一支軍隊能夠對外作戰，則必須這支軍隊內部組織能夠健全。軍隊如此，國家何獨不然？斷沒有一個國家之內不能維持統一與安定，而可以言對外的。

因為對外抗戰，目的有三：其一是求勝利、其二是求持久、其三是求自盡。所謂自盡，不是自殺，是將所有的力用盡之後，犧牲生命，以保存人格。這種求自盡的心，不但每個兵士應該有的，每個國民都應該有的；不但戰時應該有的，平時也應該有的。有了求自盡的心，然後救亡圖存方纔有了根本。有了這根本之後，便要求持久了。將全國人民的心力都用在救亡圖存的工作上，積累得一分是一分。人民的心力多一分的積累，則國力多一分的充實，而對外力量亦多一分的增進。這些積累不是容易的，沒有國內的統一與安定，決不能積累起來。我們必須知道，開火是抗戰、積累也是抗戰，而且抗戰之能否持久，取決於此。在今日之文化、產業樣樣落後的情形之下，我們不要高談勝利。只要能持久，則勝利的希望，不至於茫無把握了。

這幾年來，國內的統一與安定，不能說沒有進步。軍事統一、政治統一已漸漸做到了，經濟統一亦將隨之開展。我們必須知道，一個國家做得到經濟統一，纔是真正的統一。所謂國民經濟建設運動，即是着眼於此的。這是救亡圖存的必要工作。

然而，自從去年十二月十二日以後，國內的統一與安定生了搖動。這即是說，救亡圖存的工作動搖了基礎。幸而蔣委員長出險了，又幸而善後事件漸漸的有和平解決的希望了。但是細心默察，似乎還有種種隱憂。便是有些人躲在暗裏，仍舊做那破壞救亡圖存工作的企圖。他們的企圖明明是破壞救亡圖存，而他們卻偏要提高口號，說目前的救亡圖存的工作不適於用。例如他們有一句口號，是「非攘外無以安內」。這句說話表面上似側重攘外，而實則將攘外的基本工作加以破壞。因為攘外之能否有效，全視安內的工作之如何。必須全國有精誠團結之實，方纔能在整個的計劃、一定的步驟之下，積累力量，以

求持久。我們並不是說必須積累到某種程度，然後可言犧牲。倘環境到了要求犧牲的時候，自然要將所有積累供於一擲。然而在最後一息以前，積累的工作仍是不容稍懈的。

我們知道，西安事變以來，不但剿匪工作受了頓挫，即國防設備亦受了損失。種種痛心，不能畢述。但願國人經此事變，明白了救亡圖存的工作，時時有人想加以破壞；國內的統一與安定，時時有人要加以動搖。我們不可不用盡全力來維持擁護。一支軍隊當槍口向外的時候，如果有些不法士兵犯了紀律，做長官的不能不立刻去懲治他。這種懲治，不能說他汲汲對內，減少了對外的力量，寧可說這正為維持及加強對外的力量起見，不得不然。軍隊如此，國家亦如此。如果有人立心破壞國內的統一與安定，則中央用力量加以懲治，決不能藉口停止內戰而加以阻撓的。這不止是為安內計，應該如此；正是為攘外計，應該如此。

以上的話，是說明我們現在應有一致的決心，本着救亡圖存之整個的計劃與一定的步驟，猛向前進。我們當猛向前進的時候，不惜排除一切困難。我們深信我們救亡圖存的迫切要求，將得到人道正義的同情與援助。彼懷有侵略野心，不恤窮兵黷武以求一逞者，若不覺悟，唯有歸於破滅。

出處：

- 〈汪主席廣播演講怎樣救亡圖存〉，《民報》（上海），1937年1月23日，版2。汪精衛，〈汪演講安內與攘外〉，《國聞週報》第十四卷第七期（1937年），頁57–58。
- 林柏生編，《汪精衛先生最近言論集上下編》下編（上海：中華日報館，1937年），頁27–33。

關於最近時局之談話

一九三七年三月十七日

汪精衛先生在綏遠參加追悼守土禦寇戰事陣亡軍民大會及綏境蒙古政務委員會紀念會畢，十七日離綏南返，再過太原。當地各記者請謁，對於最近時局有所叩詢，先生一一詳答，茲記其大要如次：

一、據最近日外務省之表示及經濟考察團之來華，中日經濟提攜之說又甚盛，此固為中國國民所願望者。惟以前種種深印於我全國國民之腦海中，永遠不會忘記。故無論如何，抗戰的準備，一點不可放鬆。我們必須依照三中全會宣言，努力做去。有一分鐘做一分鐘的準備，同時時時刻刻更要抱着犧牲的決心。

二、如共產黨接受三中全會之宣言及決議，則中央當予以自新之路，惟此絕非容共。蓋過去容共，為容許共產黨組織與宣傳。如今在民族抗戰的時候，我們只有一條路。即是要全國人民團結一致，在民族抗戰一個目標、一個領導之下，共同奮鬥。不但蘇維埃政府與紅軍不能存在，即共產黨組織及其宣傳，亦為團結救亡之義所不能容許。因階級鬥爭之說，必然煽起暴動，且使整個民族抗戰之陣線為之拆散也。

三、日前報載，有謂蔣先生回京後，將請假一、兩個月。或許有之，惟此不過使一般零碎事項不致擾及蔣先生之病體，俾健康早得恢復。至國家大政，則仍由蔣先生負責主持。吾人愛護蔣先生，無時不深盼蔣先生之健康早得恢復也。

出處：

- 〈汪主席由井返京〉，《中央日報》（上海），1937年3月19日，版3。

- 〈汪精衛由井抵京〉，《申報》（上海），1937年3月19日，版3。

- 林柏生編，《汪精衛先生最近言論集上下編》下編（上海：中華日報館，1937年），頁65–66。

大家要説老實話 大家要負責任

一九三七年八月四日

在中央廣播電台播講

各位同胞：

當此存亡危急的關頭，兄弟所要説的只是幾句話——「大家要説老實話，大家要負責任。」

論到責任，原是大家都有的。服務政府機關的，各有各的責任，服務社會機關的，也各有各的責任。就政府方面來説，從前的措置如何、現在的措置如何、將來應該如何的措置，這固然是很大的責任；就社會方面來説，幾年以來，人民所供給的血汗實在不少了。除了以法定的貢獻供給國家之外，還有許多的義務捐以至娛樂捐。其於責任，可謂已盡。然以比較日本對於所謂「華北事變經費追加預算」，一動筆就是四萬萬元，其相去又如何呢？

中國歷史上有兩句最痛心的話。一是鄭國説：「臣為韓延數年之命，然渠成亦秦萬世之利也。」明知不能救韓之亡，而徒欲延其數年之命。這樣的以人參湯來延最後之喘息，到底不是辦法；一是張悌説：「吳亡之際，乃無一人死節，不亦辱乎？」明知不能救吳之亡，而惟欲一死以自盡其心。然想到了自己死了之後，未死的人都要為奴為隸了，這又何能瞑目？到底也不是辦法。

然則，不能不商量怎樣的大家負責任了。兄弟的愚見以為，大家若要負責任，則必先之以大家説老實話。所謂説老實話，是心口如一。心裏這樣想，口裏這樣説，這是很要緊的。中國宋末、明末曾兩次亡國，其亡國之原

因，最大、最著的在於不說老實話，心裏所想與口裏所說並不一樣。其最好方法，是自己不負責任，而看別人去怎樣負法。當和的時候，拼命的指摘和；當戰的時候，拼命的指摘戰。因為和是會吃虧的，戰是會打敗仗的。最好的方法，還是自己立於無過之地，橫豎別人該死。於是熊廷弼傳首九邊了！袁崇煥凌遲菜市了！此之可悲，不在其生命之斷送；而在其所有辦法，在這種大家不說老實話、不負責任的空氣之中，只有隨處碰壁。除了以一死塞責之外，簡直替他想不出一條出路。

宋亡將及七百年、明亡將及三百年，這樣長時期的亡國之痛，已夠受了。自十九世紀以來，亡國之人，不只武力，一切經濟文化，皆可為亡人之國的工具。所以國不亡則已，既亡之後，絕無可以復存。除了波蘭因特殊情形亡而復存外，更無可舉之例。在大戰中，俄國敗於德國，幾乎亡了；德國、土國敗於協約國，幾乎亡了。然尚能保存、且能復興，這都是於垂亡之際，人人下了救亡圖存的決心，人人肯說老實話。

和呢，是會吃虧的，就老實的承認吃虧，並且求於吃虧之後，有所以抵償；戰呢，是會打敗仗的，就老實的承認打敗仗。敗了再打、打了再敗，敗個不已、打個不已，終於打出一個由亡而存的局面來。這種做法，無他妙巧，只是說老實話而已。

這說老實話，不是等閒的。人人能說老實話，纔能人人負責任；反之，人人不說老實話，則必人人不負責任。人人不負責任的結果，除了亡國，還有那一條路？

我們知道，現在戰爭有強國對於弱國的戰爭、有弱國對於強國的戰爭。強國對於弱國的戰爭，利用自己力量豐富、運用迅速，期以一舉糜爛弱國，使無復戰鬥能力；弱國對於強國的戰爭，自知力量不及，但是已經下了決心，就要將所能使用的心力物力完全使用，不留一點一滴。那麼，自己的力量固然使盡，而強國的力量也為之消耗，強國於是便不能不有所顧慮了。我們必

須知道，強國之對於弱國，如饕餮之徒，貪得無厭。如果吃着甜頭，那自然愈吃愈甜，永無不吃之理。除非吃着了苦頭，方纔會把吃慾打了回去。所以我們若能將所能使用的心力物力完全使用，不留一點一滴，則至少至少，總可以使他吃些苦頭。

還有一層，我們也必須知道，現代戰爭不只是有形之戰，而且是無形之戰。一個強國平日對於其他強國雖不以兵力相見，然野心既大、樹敵必多，其兵力已有備多力分之苦。何況除了兵力之外，還有經濟戰、商務戰、工業戰等等無形之戰。時時刻刻都在性命相搏，絲毫不肯相讓。因此之故，一個強國對於一個弱國為有形之戰，以消耗了兵力以至於財力，則無異對於其他強國發生了破綻，使之得乘間而入。其始只是若干消耗，其終且成為致命之傷。一個強國無論如何的強法，對於此點，決不能無所顧慮的。

明白了以上的意義，則可知一個弱國對於一個強國，不得已而應戰，極度的犧牲是萬萬不能免的。而這樣極度的犧牲，決不是白白葬送了去，絕無效果的。反之，不肯犧牲、犧牲而不肯極度，則強國不但吞食得容易，而且消化得也容易。這真使他愈吃愈胖，不但不因消耗而發生破綻，且將以這一個弱國為資源，更為吞食其他強國之用了。

有人說道：「我們雖是弱國，但我們的力量不可估量太高、也不可估量太低。估量太高，則將輕於嘗試；估量太低，則將即於消沈。」這些說話誠然是至理名言，但是估量兩字是不容易做到的。例如歐戰開始，德國原欲聚其兵力，於最短期內擊破法軍、直入巴黎。當時德國估量自己兵力必然可以做到，但是後來遇着比國里愛巨[57]之抵抗，以及法國馬納河[58]之立定陣線，原定計劃不能達到。這是德國估量自己兵力太重、法國力量太輕，以至於此。德國的軍事學是世界有名的，尚且對於估量不免有差。

---

57 又譯作列治 Liège

58 又譯作馬恩河 The Marne

　　又如近來意大利之攻擊阿比西尼亞，當時各國的軍事觀察家皆以為，阿比西尼亞多沙漠不毛之地，而且又有雨季，屆時意大利軍隊必不能前進。然而，後來意大利進兵迅速，阿比西尼亞之一敗塗地，竟不待至雨季。一般軍事觀察家所估量的完全錯了，由此可知估量二字是不容易做到的。大抵一個強國對於一個弱國，用兵之始，必欲以雷霆萬鈞之力，糜碎之於一擊之下。當此之際，這一個弱國惟有硬着頭皮，盡力掙扎。掙扎愈久，生存之希望愈多，舍此實無生路。

　　又有人說道：「我們雖是弱國，但我們是愛好和平者。如果被人侵略，將必得尊重和平者之援助。」這些說話誠然也是至理名言。但是我們固然愛好和平，而和平之存在不取決於愛好和平之志願，而取決於維持和平之力量。沒有維持和平之力量而言愛好和平，這不是愛好和平，而是輕蔑和平。世界上固然有尊重和平的國家，但只知尊重和平而不知拿出力量來，與其稱為和平之尊重者，毋寧稱為和平之嘲笑者。

　　然而拿出力量來是不容易的，第一必先要我們自己拿出力量來；第二所謂路見不平、拔刀相助，雖然是人類應有的道德，然就現在世界上國家民族林立的局面來說，那一個國家民族不是為自己國家民族的生存而拔刀？那一個國家民族肯為別個國家民族的生存而拔刀？除非是共同利害。即使是共同利害，而權衡輕重、斟酌緩急，也大有提刀四顧、躊躇滿志之餘地。由此可知，一個弱國被人侵略的時候，全靠自己盡力掙扎。掙扎愈久，生存之希望愈多，舍此實無生路。

　　於是有人說道：「然則以弱敵強，豈不甚難？」拿破崙說字典無難字，我們說字典無易字。因為知其難而說是易，那就不免隨便的說、隨便的做，說既不老實、做又不負責任。反之，知其難而說是難、知其難而仍然向着難去做，那就說是老實的說、做是負責任的做。這決心與勇氣當然增加十倍，即使困難十倍於此，亦可將他打破。

　　我們大家說老實話，我們大家負責任、我們不掩飾、我們不推諉。我們不作高調以引起無謂的衝動，因為這種衝動是易於頹喪的；我們不作奢想以引起無聊的希望，因無這些希望是易於幻滅的。總而言之，我們守着弱國的態度、我們抱定必死的決心。除非強國放下屠刀、立地成佛；不然，湯誓所說「時日曷喪，予及汝偕亡」，便是全國同胞的一致呼聲了。

出處：

- 〈大家要說老實話大家要負責任〉，《民報》（上海），1937年8月5日，版2–3。

- 汪精衛，〈汪主席演講「大家要說老實話大家要負責任」〉，《中央時事週報》第六卷第三十二至三十五期（1937年），頁54–56。

- 中山樵夫編，《汪兆銘言論集》（東京：三省堂，1939年），頁11–18。

- 南華日報編輯部編，《汪精衛先生最近言論集》續編（香港：南華日報，1938年），頁41–48。

五：離開重慶，發出〈艷電〉
（一九三八年）

如何使用民力

一九三八年一月十二日

　　抗戰期間，對於民力之使用，必須採取極有效而又極經濟的辦法。應當使用的時候，盡可能的使用，不可有一毫姑息；同時盡可能的愛惜，不可有一毫浪擲。這於長期抗戰，關係尤為重大。因為長期抗戰最需要的，是民力不斷的生長。如果不知愛惜，則只有消耗。而無培養，憑什麼來生長？憑什麼來支持長期抗戰？

　　如果這觀念不錯，則我們對於數月來流行的一兩個口號，不可不給以正確之標準和內容。本來對於一名詞，必須給以一定義。如果這一名詞被採用做口號，則更不能不將其定義、解釋明白。不然，將有無數壞事，在一個好口號之下掩蔽住了。蔓延起來，其流弊有不忍言的。

　　舉個例來說，「焦土戰」這名詞，其意義應該是人人以必死之決心，盡可能的努力；敵人來犯，把人力物力悉數使用，以與之抗；雖至人人皆成齏粉，物物皆化灰燼，亦在所不辭。這意義是極嚴肅的，同時是極正確的。

　　自從抗戰開始以來，其在前方一般將士，以其生命，與敵相搏，前仆後繼，亙於數月。一般民眾，或則肝腦塗地、或則顛沛流離；其在後方，空襲一來，不問為政府機關、文化機關、社會團體所在以及人民住宅，皆一樣的為玉碎、不為瓦全。人人對此，皆視為責有當盡、義無可逃，始終沒有一句怨言。就為的是自抗戰以前，早已下了決心，為國家民族的生存而準備一切。

　　及至抗戰開始，則又下了決心，將此一切準備用於為國家民族爭取生存。正如古人所謂：竭其股肱之力，繼之以忠貞。其濟，國之福也；不濟，則以死繼之。因為有了這樣的決心，所以即使戰至罄其所有，成為一片焦土，而勇氣絕不為之小挫。這樣的焦土戰，其所發生的效力與影響，有以下的幾點：

　　第一、我們固然焦頭爛額，敵人也不免有相當損失，會給別人尋着破綻。拿出卞莊子的手段來，至少可使我們遂其及汝偕亡之願。

　　第二、敵人每到一處，其始是取之不易，其後是得之無益，足以沮喪其侵略的野心。

　　第三、人人有了必死的決心，則軍隊的紀律，因鍛鍊而愈整肅；人民的秩序，因鍛鍊而愈緊密。這種鍛鍊，有使散沙成為鐵石的可能。

　　第四、先之以堅決的抵抗，繼之以壯烈的犧牲。這種精神，注入於後死的一般人之心中，自然激發其忠義之氣，絕不會於無形之中，播下了傀儡的種子。

　　以上幾點，都是由焦土戰所必然發生的效力與影響。但是我們必須認識清楚，所謂焦土戰者，是因戰而至於焦土，絕不是不戰、更絕不是即使不戰亦要焦土。由前之說，是焦土戰；由後之說，是不戰而焦土。二說絕不相同，不可混為一談。

　　焦土戰，必然發生以上所述的效力與影響；不戰而焦土，則不惟不能發生同樣的效力與影響，而且適得其反。因為既然打算不戰，則其決心先鬆懈了、其紀律也就隨以廢弛了、其秩序也就隨以紊亂了。於此而猶言焦土，其結果只有老百姓晦氣，而敵人則正如隔岸觀火。真所謂為親厚者所痛、仇讎者所快，萬萬要不得的。

　　有人說道：「這話不然。拿破崙之坐困於莫斯科，不是上了俄國不戰而焦土的當麼？」我以為這話似是而非。拿破崙時代，交通尚未發達。以百萬

之眾懸軍深入，又值嚴寒之際。冰天雪地，運輸困難。及至到了莫斯科之後，地窖中雖有餘糧，而沒得煤炭，人馬凍死，不計其數。俄國乘之，分兵四擊，這是其坐困之原因。如今的交通工具之發達，非昔日可比了。水有汽船，陸有火車、有汽車，空有飛機。敵人一面固要速戰速決，一面也要穩紮穩打。欲使敵人被困，豈能容易？

只有處處抵抗，人人抵抗，令敵人不踏着我們的血跡，一步不能前進。而且前進之際是不能不後顧的，留得兵多，消耗必大；留得兵不多，我們可以斷其交通、切其聯絡線。這樣做法或可以使敵人坐困，然而這是由戰而得來的，絕不是由不戰而得來的。

如果不戰，即使焦土，我敢決其不能坐困敵人。我們必須牢牢記著，每焦一塊土，其中不知含着多少脂膏、多少淚、多少汗、多少血。如果我們不得已而至於焦了這一塊土，則我們絕不能只毀了自己，至少至少也要給敵人以灼傷。不然，我們如何對得住老百姓？如何對得住良心呢？

再舉個例來說，「游擊戰」這名詞，其意義應該是，以精銳的軍隊與有生產能力的民眾深相結合。對於敵人，避實擊虛、避堅攻瑕，使敵人顧此失彼、窮於應付。這於戰事是極有意義的，尤其於長期抗戰是極通用的。然就此意義，便可知游擊戰必須具以下兩條件：

其一、是精銳的軍隊。因為擔任游擊戰的軍隊，其戰鬥力不可不堅強、其紀律不可不嚴明，這樣才能行動神速，隨時隨地給敵人以打擊。

其二、是有生產能力的民眾。所謂生產，包含精神生產、物質生產在內。有生產能力的民眾是良好的民眾，只有良好的民眾，才能與良好的軍隊相結合。

我們必須知道，在展開游擊戰的地方，軍隊如魚、人民如水，魚沒有水是不能游的。欲使軍隊能活潑自如，必須使民眾健全有力。

　　明白了以上兩條件，則可知道，在積極方面，對於能戰的軍隊，應當加以重視，充其所需，俾得盡其所能；對於有生產能力的民眾，應當解除其痛苦、發展其能力，尤其是應該加以組織、加以訓練。這樣才能不致如孔子所云「以不教民戰」，而能為國家民族，盡其更大之責任。

　　在消極方面，則土匪不可以收編。因為以土匪擔任游擊戰，必致游而不擊。對於敵人，祇知避實、祇知擊虛，祇知避堅，祇知攻瑕。其結果且將更進一步，所避的是敵人、所攻擊的是民眾了。至於流氓無賴，如果不洗手做人，是不能使他混入民眾組織裏頭的。

　　焦土、游擊戰這兩個名詞，本來是戰術上的名詞。然而流行起來，漸漸的成為政治上的名詞了，這於民力所關甚大。善用之，可以使民力發展，有益於長期抗戰；不善用之，則可以消耗民力，斷絕了長期抗戰的生命。盼望沿用這兩個名詞的人，加以注意。

出處：

- 汪精衛，〈如何使用民力〉，《中山週報》第一六三期（1938年），頁6–8。
- 南華日報編輯部編，《汪精衛先生最近言論集》續編（香港：南華日報，1938年），頁103–108。

抗戰期間我們所要注意的三要點

一九三八年一月二十三日

在鄂鄉政幹部人員訓練班講演

諸君：

兄弟今日無多話講，只想就抗戰期間我們所要注意的，提出幾點。兄弟以為，抗戰期間我們所要注意的，第一是認識清楚敵人的力量、第二是認識清楚國際的形勢、第三是認識清楚自己的力量。

敵人的力量怎麼樣呢？我們知道，敵人也有主張北進對俄的、也有主張南進對英的。既然這樣，敵人為什麼不對俄、對英作戰，而對中國作戰呢？這明明是敵人自顧力量不夠，所以不敢和強者動手，而先將弱者來開刀。與其說是橫行無忌，不如說是賊膽心虛更切實些。

國際的形勢怎麼樣呢？自從歐戰以來，準備戰爭與避免戰爭的兩種心理，在各國間不斷的動蕩着。從一方面看來，各國都有爆發戰爭的可能；從另一方面看來，各國都有暫時妥協的可能。

我們自己的力量怎麼樣呢？從前所謂埋頭苦幹，是估計清楚自己的力量太不夠了，所以盡可能的準備。因為對付敵人，固然要有相當的力量；因應國際形勢，欲於其變化中尋得出路，也要有相當力量。

明白了以上三點，便可知道數月以來，一切現象都不是什麼意外了。

先就敵人來說。我們將敵人的力量認識清楚之後，對於敵人，自然不存藐視，亦不存重視。中華民國締造至今不過廿餘年，國民政府成立至今不過十餘年，比起明治維新有六十餘年的歷史，我們當然承認其為先進。但是所謂先進，不僅在物質方面，而尤在精神方面。敵人今日所積累的物質固然可以濟惡，而其精神基礎卻早已墮落無餘。即就剛纔所說賊膽心虛看來，便知所謂武士道、大和魂已不值一哂。這種賊膽心虛的心理，左傳有一段文章寫得最為親切，「多則多矣，抑君似鼠。夫鼠晝伏夜動，不穴於寢廟，畏人故也。今君聞晉之亂而後作焉，甯將事之，非鼠而何？」敵人今日所以如此猖獗，不過覷著中國革命尚未成功，而歐美各國又各有其內憂，所以乘機作耗。這種看似猖獗，實在只是卑怯。我們一方固然認識敵人物質的優越，但是一方也認識敵人精神的墮落。所以我們只有抱着甯死不屈的態度，以與之周旋。

再就國際來說，我們將國際的形勢認識清楚之後，對於國際，自然不存奢望，也不存失望。為什麼呢？因為國際形勢時時刻刻都在波動，將來變遷如何，即使各國當局，也不敢輕於判斷的。然而以常識、常理來判斷，也非不可能。如今往往聞人說道：「某某等國究竟出不出兵呢？究竟何時出兵呢？」我以為這是猜謎，不是以常理、常識來判斷。又聞人說道：「與其說他不出兵，不如說他出兵較為妥當。」我以為這是押寶，不是以常理、常識來判斷。如果以常理、常識來判斷，則可以知道各國之準備戰爭與避免戰爭，正如兩個錘子，時輕時重。準備戰爭的成份多，則戰爭爆發，有解決國際現有糾紛的可能；避免戰爭的成份多，則暫時妥協，有造成國際新均勢的可能。

然則，我們應該怎樣奮鬥呢？我以為敵人最合算是不戰而屈，因為這是不必費力而達了目的；其次是稍稍費力；最不合算是多多費力。如今敵人已由不費力而至於稍稍費力了，我們在這時候，惟有使他由稍稍費力而至於多多費力。他的力愈是費得多，別人謀他愈是容易。正所謂螳螂捕蟬，黃雀在後，如果國際形勢推移的結果，至於爆發戰爭，則他會在這戰爭中，被人消滅；如果國際形勢推移的結果，至於造成新均勢，則他會在這新均勢中，被人牽制。

到那時候，我們方纔可以將國際的力量和自己的力量配合起來，為國家民族尋得一條出路。

　　然則我們在這時候，怎樣纔能使敵人多多費力呢？所謂消耗戰，就是解決此問題的。我們必須知道，所謂消耗戰，是以我的力量消耗敵人的力量。所以我的力量的使用，必須極經濟、極有效，方纔可以使敵人的力量逐漸的消耗了去。數日前，拙論〈如何使用民力〉便是著眼於此點的。拙論在積極方面，是指出善用焦土戰、游擊戰之如何於抗戰有益；在消極方面，是指出不戰而焦土、游而不擊之如何於抗戰有害。所謂游而不擊，其有害已無待說了；所謂不戰而焦土，似乎還有些人在懷疑着，以為「如果因戰略關係，不得已而放棄某地的時候，不用焦土政策，不是留以資敵麼？」殊不知如果因戰略關係，不得已而放棄某地的時候，是否能將人民先行遷徙呢？如果能將人民先行遷徙，則所有物力隨而遷徙。其不能遷徙者，甯可予以毀滅，決不留以資敵，自無異議；如果不能將人民先行遷徙，則所有物力應該如何處置，是不可以不加考慮了。

　　第一、在這時候，如果將所有物力加以毀滅，固不留以資敵，同時亦無以資人民之生；

　　第二、在交通工具發達之今日，這種政策不足以困敵人，而適以自困其人民；

　　第三、人民既無所資以為生，除有力者尚可散而之四方外，其餘祇有轉於溝壑。證之數年以前江西等處，便可知所謂萬人坑。人民死於炮火之下者，其為數遠不及死於無以為生者之多，真是言之傷心。我們必須知道，消耗戰之目的是消耗敵人，不是徒然消耗了自己。

　　我們必須知道，人民有了力量，纔能以其力量供消耗敵人之用，如果沒有人民，又何有消耗敵人的力量？我們更必須知道，在展開游擊戰的地方，軍隊如魚、人民如水，如果這地方成了焦土，則水已沒有，魚何能游？以上種

種，皆可證明所謂焦土戰是戰至於焦土，因為這樣必能使敵人多多費力。敵人要焦我們一塊土，必須以其人力與我們的人力相搏、以其物力與我們的物力相搏。我們每一座建築有我們的血汗，敵人每一個飛機炸彈也有敵人的血汗。我們固然受了損壞，敵人同時也不能無所損失。這樣下去，數量越來越多、時間越來越長，敵人終有筋疲力盡之一日。消耗戰的意義，必是如此。

諸君現在是研究鄉政、諸君將來是從事鄉政；諸君是最能與人民接近的、諸君是領導人民從事抗戰的。兄弟盼望諸君明於料敵，詳於分析國際形勢；兄弟尤盼望諸君深切了解，如何運用人民的力量。平日愛惜民力，乃至一草一木，都不肯浪費；臨時發揮民力，乃至一草一木，都使之得其用。換句話說，都使之能為消耗敵人的力量而消耗了去。只有這樣，纔能消耗敵人的力量；只有這樣，纔能粉碎敵人侵略的野心；只有這樣，纔能救回我們國家民族的生命。

出處：

- 汪精衛，〈抗戰期間應注意的幾點〉，《湖北省政府公報》第三五二期（1938年），頁41–44。

- 汪精衛，〈抗戰期間我們所要注意的幾點〉，《閩政與公餘非常時期合刊》第十六期（1938年），頁2–3。

- 南華日報編輯部編，《汪精衛先生最近言論集》續編（香港：南華日報，1938年），頁113–119。

最近外交方針

一九三八年九月二十日

此為汪副總裁九月二十日在法官訓練所講演，對於最近外交方針及國難以來我國外交經過，分析甚詳，茲探錄原文，亟為發表，以供參考。

關於外交方針大概可以分成三方面來說：

第一、對於國聯與九國公約

國聯與九國公約是國際和平的機構，凡是擁護國際和平的人，都應該擁護。至於國聯與九國公約是不是能有權威，那就要看各會員國之能否及願意履行會員國所應該履行的義務。

以最近而論，我們已經在國聯大會提出請援用盟約第十七條。我們知道，自從九一八以來，我們屢次都想援用盟約第十七條。但是，事前接洽的結果，都被其他國家所勸止；就是去年八一三以後，中國已經展開全面抗戰。我們在九月十二的國聯大會，原想提出援用第十七條，當時也為各會員國所勸止，以邀請美國在比京59開九國公約國會議為塞責。

到了今年，我們最高當局感覺到再也不能不做這樣請求，所以已經命令我們代表正式提出。直到現在，國聯是否答應援引盟約第十七條還沒有知

---

59 比利時首都布魯塞爾 Brussels

道。但是我們所要注意的是，援引盟約第十七條不過是要實行盟約第十六條。為什麼呢？因為依據盟約十七條，要請日本到會。如果日本不來，或者來而不接受解決方法，那就要實行盟約第十六條，即所謂經濟制裁。國聯各會員對於實行盟約第十六條有沒有決心？就現在所知，是沒有！

第一為國聯柱石的英、法，曾經對我們代表明白表示，不願意對日本實行經濟制裁，其理由是對於歐洲還有種種顧慮。第二是各小國尤其不願制裁，他的理由是小國不願意得罪大國。從前為對意裁制開罪意國，弄到後來制裁無效，徒然與意國結了許多惡感，這是各小國所最害怕的。因此他們都一致的對我們代表說明，不願實行經濟制裁。那末就算我們援引第十七條，而第十六條的效果還是毫無把握。這樣不是使人很灰心嗎？

但是我們必須知道，我們對於國聯，尤其對國聯各會員國，只可加以督促、加以責備。例如督促他實行應盡之義務，責備他如果不履行應盡之義務就不能保國際和平，結果連本身生存與安全也不能保。這種督促與責備論調，我們應該用的，尤其我們民間更應該盡量運用。但是如果再進一步，來說些厭棄國聯、不要國聯的話，那就毫無補益。為什麼呢？

我們所屬望於國聯的固然是拿出制裁力量來，因為拿出制裁力量來，保障和平才生效力。但是國聯除了制裁力量之外，還有一種力量，就是宣傳力量。利用國聯這個機關來作國際宣傳，喚起世界對我的同情、暴揚敵人罪惡，也是很有用的。這種宣傳作用、宣傳力量，我們應該隨時充分利用。我們不可因為對制裁力量失了希望，就連對這種宣傳力量也不加以愛惜。固然對於這種力量，我們不可估計得太高，但也不要估計太低了。

第二、對於英、美、法、蘇

英、美、法、蘇對中國是有共同利害的，其最大的理由，就是英、美、法、蘇都不願日本獨霸東亞。這種共同利害關係，兄弟曾經屢次在公開演

講中說明，今天不打算再說。今天所要說的，就是英、美、法、蘇除了和中國有共同利害之外，同時他們各自還有各自的本身利害；並且，他們各自的本身利害之間，常常有許多衝突、不能調和，因此不能為共同利害着想而出於共同行動。這是很可抱憾的，但是我們對於這種現狀，只可想盡方法來督促他、責備他，而不能表示失望。為什麼呢？

因為他們這種各自的本身利害，在現在及將來的趨勢上，不是沒有調和的可能。拿英、法來說，固然他們一開口就是顧慮歐洲大局；又如美國，一開口就說鑒於歐洲大戰的覆轍，不願意再捲入歐洲或其他國家的戰爭漩渦；又如蘇聯，一開口就說顧慮歐洲，不能用全力對付遠東。但是這種顧慮，都不是沒有方法來解除的。我們如果看清楚了中日戰爭的前途，是要由國際援助才能使中國得到最後勝利的大保障，那末，我們就要認清楚這些路線，努力去做、積極去做，不可徘徊猶疑、尤其不必失望。

不過有一點是最重要的，戰爭是要講時間的、援助是要講份量的。所以我們有一個鐵一般的原則，就是我們只應該想到這種希望，而不應該把這種希望作為我們作戰計劃的一種根據。因為這種希望的時間和份量都還沒有確定，如果拿來做作戰計劃的根據，那就有莫大的危險。

我們說到這裏，真是不勝感慨。各位只要把七七與八一三以前及其發生後二、三月之間，所謂文化界的輿論檢查一下，不能不說有許多人對外交估計得太高。對國際間的援助估計得太高了，這是危險的，尤其對於蘇聯。我們必須知道，蘇聯對我們並沒有說過謊話。

在去年中蘇不侵犯條約訂立的時候，我們的外交當局本來想再進一步來訂軍事互助條約。當時蘇聯大使這樣說：「中國只有一個敵人，是日本；蘇聯敵人絕不止一個，東方既有敵人、西方也有敵人，所以蘇聯絕不能隨便就向東方決定一個態度。譬如說法蘇協定，那就限於歐洲，並且是蘇聯被人攻擊的時候才能生效。如今戰爭是在亞洲，已經不是法蘇協定的範圍。再加上是蘇聯

自動與中國訂協定，那就更不能以法蘇協定的義務，要求法國履行了。」這種説法，都不是沒有理由。

可是當時輿論過於責備中國政府，不是說中國從前曾和蘇聯絕交，就是說中國曾經反共、失了蘇聯的感情。關於前一種說法，我們知道，國家結合是根據共同利害。就算中蘇從前有過惡感，因為目前的共同利害，當然可以轉變。法蘇從前不是也有惡感嗎？歐戰以後，法國憤恨蘇聯達於極點，為什麼也會訂軍事協定？可見得說，從前曾經絕交、不能聯合蘇聯的話，不是真的理由。

至於反共，那更屬於中國內政，並且用不着詳細的再說明了。當時輿論界做出這番説話，不是責備中國政府，而是使人對中國政府失望。中國政府正在為抗戰、建國而努力，有人以這種片面責備，使人對政府失了信仰，這與抗戰、建國前途是有很大的害處。因此有一部份同志看不過，才出來與他們辯論。

這種辯論以去年十一月到今年一、二月間最為激烈，但是這種激烈又不免有些過份的地方。例如我們説，蘇聯因為國際上的顧慮，不能專心致志用力在遠東。這個是事實，而且蘇聯也這樣説。我們用這點來解釋，使人不能對中國政府有什麼誤會而致失望，這是必要的。但是有人進一步評論到蘇聯的黨爭，評論到蘇聯的政制，甚至評論到蘇聯的經濟建設是不是言過其實。那就不只不是必要，而且會引起蘇聯的懷疑與誤會了。這種懷疑與誤會，對於邦交是會發生不良的影響。

因此之故，我們中央曾經對兩方面都加以告誡。一方面盼望我們顧到自己的立場，不要把中國政府的信用，無緣無故的在民眾方面破壞下來。這種破壞是國家民族的損失，萬萬不可。同時，一方面也不可對友邦發生惡感。這種惡感，會忽視了中國與蘇聯的共同利害，結果會弄得轉移了共同目標，這也是萬萬不可的。

　　自從經過一番告誡之後，我們感覺得輿論界的空氣澄清得多。例如張鼓峯事件發生，我們的輿論界就很心平氣和、沒有什麼偏激的論調。我們固然期望蘇聯出兵，期望蘇聯不要顧慮太深；我們固然說明，如果蘇聯縱容日本，不但日本對中國更加肆無忌憚，對蘇聯也不免終出於一戰的。這種說話，有限度而不失立場。

　　我們對於這一段落的輿論態度很滿意，我們盼望大家對於這點認識清楚，再進一步使我們對英、美、法、蘇的關係日日增加，從而達到由共同利害而出於共同行動的一天。

第三、對於德、意

　　意國與德國對中國，這幾年來的態度，大概可分做三段。

　　先就意國來說，從九一八起一直到侵略阿比西尼亞以前，意國對中國都是表示好感。除了在國聯共同一致譴責日本、同情中國之外，墨索里尼還特別對日本侵略行動公開反對、對中國友誼力謀增進。幾年之間，先後對蔣委員長表示許多佩服與同情的言論。二十二年春天，宋子文同志前赴歐洲的時候，意大利曾經退還庚子賠款，並且答應以退還款項購買軍火。這在中國埋頭準備的時候，不是沒有裨益。以上是意國侵略阿比西尼亞以前中意的關係，可以說是第一段。

　　等到意大利侵佔阿比西尼亞，那關係就立刻轉變，而入於第二段了。本來在那時候，意大利曾經極力對中國說：「意大利與中國邦交素來敦睦，盼望中國不要贊助國聯決議，加入對意的經濟制裁」。那時兄弟適承乏兼外交部長，對這個問題屢次報告中央，並打電報與蔣委員長詳細商量過好幾次。當時蔣先生正在督師在外，到後來大家覺得國聯制裁意大利侵略行動是和平正義所應該的，中國沒有理由不贊成。並且替中國着想，如果贊成意大利侵略阿比西尼亞，那末有什麼理由去反對日本侵略滿洲？這在中國為國際和平信義、為中

國本身利害，都不能不下決心。因此中國就贊成國聯對意制裁的決議，因此意大利與中國關係立刻就冷淡起來。

從此以後，更轉入於第三段了。因為意大利侵略阿比西尼亞之後，得罪了國聯、冷淡了中國，那末他自己覺得孤立，就要另外找朋友了。日、意的關係一天天接近，結果意大利加入防共協定，甚至於承認偽滿，這就是中、意邦交趨於惡劣的時候了。

以上三段變化是很明白的，我們看了這三段變化之後，就知道中、意邦交的變化，其責任不在中國，而且是無可如何的。

再說德國，也可分為三段。

第一段時期很長，可說在今年一月十六日以前，德國對中國都是很友好的態度。我們都知道，中國軍火百分之八十以上是從德國來的。有人說，這有什麼稀奇？我們有了錢，還怕沒有地方買軍火？這句話是不對的。

第一、我們那裏有許多錢？如果都拿現錢去買軍火，我們今年抗戰決不會有這樣多的軍火數量。我們知道，對於德國軍火，多是以貨易貨。換句話說，就是用我們老百姓血汗所種出來的農產物以及開出來的礦產物，拿到德國換取軍火，給我們武裝同志去用。德國是一個原料缺乏的國家，中國是一個需要軍火的國家。這種以貨易貨的辦法，從前只有德國，現在加上蘇聯。

第二、有時候就算有錢，也無處買軍火，譬如英、法就是這樣。我們與他商量買軍火，他們說「我們從前都是主張不擴張軍備的，那裏知道現在國際形勢大變。現在我們不能不積極擴張軍備，所以現在我們國內工廠所製造的軍火，要盡先供給我們國防之用，有多餘的才能賣給你們。」這句話就是說，有錢也買不到軍火。

　　這樣看來，中國從前與德國的關係何等重要，也可知道。除此之外，還有顧問團等等。兩國既然有這樣密切的關係，邦交自然是好的，這是第一段。

　　但是後來德國與日本訂了防共協定，雖然在訂防共協定的當時，德國曾經聲明這個協定不是對中國的。就是在中日戰爭發生以後，我們知道，德國曾經屢次警告日本說「日本不要忘記防共協定，將許多力量消耗在中國。」所以去年十二月到今年一月中，德國在九國公約國提議調停失敗以後，曾經自告奮勇來調停，也是根據這種意思。他一方面固然要與日本密切防共協定的關係、一方面也不願拋棄在中國的商務與邦交關係，但是調停無效。無效的原因，第一是日本屢次失信；第二是所提調停條件，與中國獨立生存有害，不是中國所能接受。所以德國調停終於失望，失望之後自然冷淡下來。這是第二段。

　　冷淡下來之後，德國想到兼顧中日邦交既做不到，就不能不決定一個舍彼取此的態度了。他終於決定袒護日本、離開中國，於是急轉直下的承認偽滿，入於第三段。

　　我們看了這三個階段之後，就能知道中、德邦交的變化，不是中國的責任，而且是無可如何的事。

　　現在情況怎樣呢？就德、意說，他還是與中國做朋友，中國也還是與他做朋友。但是這種關係靠得住？靠不住？有人說，德、意既然可以承認偽滿，何嘗不會承認北平、南京的偽組織？這句話實在不是無理的推斷。但是我們的邦交，是想阻止德、意關係日日變壞呢？還是希望德、意關係日日變壞？據我想，還是從阻止的方面好！因為抗戰的時候，與國唯恐其不多，敵國唯恐其不少。決沒有說，打了一個還不算，還要從事打兩個、打三個的。

　　現在如果能有方法阻止德、意邦交更加惡化，這種方法是國家的利，決不是國家的害。所以近來政府仍然派大使到德國，和意大利的邦交也還是繼續着。這本來是一件極平常的事，但是對這種方針還有人發生種種懷疑。

　　第一、他們說是「如果對法西斯國家關係不斷，對民主國家的關係就不會好的」，這句話實在是毫無道理。現在所謂民主國家，如英、如法、如美、如蘇聯，有和德、意斷絕邦交嗎？為什麼他們要和德、意繼續邦交，並且還要設法改善？而我們不能呢？

　　第二、他們說「既然德、意承認偽滿，至少我們也應該和他絕交」。這話在道理上是對的，但在事實上我們有沒有和第二個、第三個國家絕交的必要？我們何必一定要再多樹這樣多的敵人？

　　第三、他們以為「德、意是法西斯的國家，我們與他不斷絕關係，就有附和法西斯之嫌」。這話太無理由了，我們是有三民主義的信仰的。各國有各國的主義，各國政治經濟都根據着他自己的主義來各處理，德、意的法西斯和我們有什麼關係？

　　第四、有人認為我們「和德、意不斷絕關係，那就為的以後好談妥協」，這更是沒有理由了！九國公約國不是也提議調停嗎？我們是抗戰的國家，我們並不拒絕調停，我們只要問調停條件。如果調停條件無害於中國的獨立生存，我們為什麼不可商量？如果調停條件有害於中國的獨立生存，我們為什麼接受？這種道理很平常、很明白，怎樣好拿德、意的邦交併作一談？

　　因此之故，我們可說現在的外交方針，對德、意要認清楚從前關係、要看清楚現在的環境。我們就算不能積極改變德、意外交，使他再和中國恢復從前好感關係，我們也要想種種方法，不要使他的外交更加變壞。至少變壞了，其責任也不在我們。

　　以上所說的，就是眼前的外交方針。這種方針是很平常的，說起來很平淡無奇。但是在抗戰建國的時候，這種方針似乎有繼續的必要、似乎有繼續向同志提出研究的必要，所以今天也藉此機會，對各位同志貢獻一點。

出處：

- 汪精衛，〈最近外交方針〉，《政論》第一卷第二十八期（1938年），頁1–3。
- 汪精衛，〈最近外交方針〉，《國際編譯社通訊》第五十五期（1938年），頁1–7。

為什麼誤解焦土抗戰演講詞

一九三八年十一月二十三日

因誤解焦土抗戰，而至於將長沙付之一炬，是極可痛心的事。為消除這種誤解，單就戰術上解釋「焦土抗戰的時間與限度」是不夠的，必須從誤解者之心理，下一番摧陷廓清的工夫。

誤解者之心理是這樣的，他們看見九一八的時候，將一座瀋陽好好的交給敵人；七二八的時候，將一座北平好好的交給敵人。不惟敵人樂得受用，而且一羣漢奸也得以此為憑藉。他們氣極了，他們以為與其將這座城池好好的交給敵人，不如把他來燒成白地，這是他們的心理。

他們有了這種心理，所以不但戰要焦土，即不戰也要焦土。詳細些說，即使在戰略上這座城池應該放棄，也必將他毀滅了、然後放棄，決不使敵人得以受用、漢奸得以有所憑藉；他們有了這種心理，所以什麼話也聽不入。不但聽不入，他們還以為這樣纔是徹底抗戰，不是這樣便不是徹底抗戰。

這次長沙縱火，有所謂激於義憤的人。所謂義憤，便是這種心理。他們激於義憤，做出這樣的事情。如果有人勸阻他們，他們何止聽不入？他們還要以極卑污、極齷齪的心事，來揣度勸阻他們的人。所以這種心理，如果不能打消，那麼第二次、第三次這樣的事情，還是會繼續發生的。

抗戰所恃是什麼？是人心。如果人心喚起來，一切物質都可以供抗戰之用。反之，如果人心不能喚起，即使將物質來出氣，也是枉然。因為你即使

能將這座城池毀滅了，至多也祇能將一切物質燒光，決不能將一切人的生命殺完，那麼依然不算得徹底。

有人說道：「中國今日還有大貧、小貧之別，如果將一切物質燒光，大家都變成大貧，那不是平等了嗎？」這話不通。任何社會主義，只有想法子使整個社會由貧而富，決沒有想法子使之由富而貧的。有人說道：「如果將一切物質燒光，大家除了當兵，沒飯吃，那麼不愁沒有壯丁了。」這話更不通。如果人生問題只在吃飯，那麼有奶便是娘，敵人會收買、漢奸也會收買。

總而言之，如果不能喚起人心，即使將一切物質燒光也無濟於事。因為做漢奸的是人、不是物，不從人着眼而從物着眼，無有是處。反之，我們如果從喚起人心着想，人人知道為民族的生存獨立而戰、為國家的自由平等而戰，犧牲一己以為民族、為國家，那麼遇到要死守某一處的時侯，固然必能死守到底，而與物俱成灰燼。遇到要放棄某一處的時候，也必能根據戰術，分別出到什麼時間才破壞以及破壞到什麼限度。即使遇到事出倉卒，來不及破壞的時候，雖然不免把好好的一座城池淪陷於敵人之手，然而人心尚存。在淪陷區域中，仍可使用一切物質，來做破壞敵人的工作、來做收復失地的工作。因為一切物質是不會做漢奸的，祇要沒有做漢奸的人，自然沒有供漢奸利用的物。

資敵兩個字是動人聽聞的，然記得資敵、忘記資我，實在糊塗透了。敵無所資，在敵人或者不免感覺困難，然其困難決不如我之甚。因為敵人還有本國，而且沿海的交通以及長江的交通都在敵人手中，甚至幾條縱橫南北東西的鐵道都在敵人手中，敵人的困難是還有辦法可想的。

至於我呢？若要像長沙這樣，一處一處燒成白地，便什麼也完了。戰區以內，將一切物質燒光，我何所資以為抗戰？一個淪陷區以內，將一切物質燒光，剩下了一大羣飢無食、冷無衣、宿無所的人民，怎麼辦呢？帶着走嗎，走不動；殺嗎，於心何忍；撇下嗎，那真是資敵。何況這裏頭定然還有不少做收復工作的人，為什麼要使之一無所資以為收復呢？

　　末了，有一句話。今日抗戰是存亡所關，我們以極大的決心、負極重的責任。不僅要有熱烈的感情，並且要有冷靜的理智。一切標語口號，都應該細析其內容而確定其價值。指導是必要的、煽動是必不要的，不僅焦土抗戰的口號為然。

出處：

- 〈為什麼誤解焦土抗戰演講詞〉，《中央日報》（上海），1938年11月23日，版2。
- 〈汪副總裁論文為什麼誤解焦土抗戰〉，《西京日報》（西京），1938年11月23日，版1。

致中央常務委員會國防最高會議書

一九三八年十二月二十八日

汪副總裁去月廿九日電中央建議前，廿八日另有一函致中央常務委員會及國防最高會議，述及同月九日曾晤蔣總裁，力陳當前局勢，和平非無可望。惟七日，香港《大公報》載六日重慶電，稱蔣委長對該報記者表示謂「對汪……事前全不知情。自彼到渝後，汪從未向彼表示其主張」云云。核與事實不符，今讀此函，真相可以大白矣。

茲有上中央一電，除拍發外，謹再抄呈一紙，以備鑒督。本月九日，銘謁總裁蔣先生，曾力陳現在中國之困難在如何支持戰局，日本之困難在如何結束戰局。兩者皆有困難，兩者皆自知之及互知之，故和平非無可望。外交方面，期待英、美、法之協助，蘇聯之不反對，德、意之不作難，尤期待日本之覺悟。日本果能覺悟中國之不可屈服、東亞之不可獨霸，則和平終當到來。凡此披瀝，當日在座諸同志所共聞也。今日方聲明，實不能謂無覺悟。

猶憶去歲十二月初南京尚未陷落之際，德大使前赴南京謁蔣先生。所述日方條件，不如此明劃，且較此為苛。蔣先生體念大局，曾毅然許諾，以之為和平談判之基礎。其後日方遷延，南京陷落之後，改提條件。範圍廣漠，遂致因循。今日方既有此覺悟，我方自應答以聲明，以之為和平談判之基礎。而努力折衝，使具體方案得到相當解決，則結束戰事以奠定東亞相安之局，誠為不可再失之良機矣。英、美、法之助力，今已見其端倪。惟此等助力僅能用於調停，俾我比較有利；決不能用於解決戰事，俾我得因參戰而獲得全勝。此為盡人所能知，無待贅言。

蘇聯不能脫離英、美、法而單獨行動；德、意見我肯從事和平談判，必欣然協助。國際情勢，大致可見。至於國內，除共產黨及惟恐中國不亡、惟恐國民政府不倒、惟恐中國國民黨不滅之少數人外，想當無不同情者。銘經過沈思熟慮之後，始敢向中央為此提議。除已另函蔣先生陳述意見外，謹再披瀝以陳。伏望諸同志鑒其愚誠，俯賜贊同，幸甚、幸甚。專此，敬候公祺。

汪兆銘謹啓

二十七年十二月二十八日

出處：

- 南華日報編輯部編，《汪精衛先生重要建議》（香港：南華日報社，1939年），頁7–9。

- 中山樵夫編，《汪兆銘言論集》（東京：三省堂，1939年），頁37–38。

- 南京國民政府宣傳部編，《汪主席和平建國言論集》上卷（南京：國民政府宣傳部，1940年），頁5–6。

艷電

一九三八年十二月二十九日

重慶中央黨部，蔣總裁，暨中央執監委員諸同志均鑒：

今年四月，臨時全國代表大會宣言，說明此次抗戰之原因。曰「自塘沽協定以來，吾人所以忍辱負重與日本周旋，無非欲停止軍事行動，採用和平方法。先謀北方各省之保全，再進而謀東北四省問題之合理解決。在政治上以保持主權及行政之完整為最低限度，在經濟上以互惠平等為合作原則。」自去歲七月蘆溝橋事變突發，中國認為此種希望不能實現，始迫而出於抗戰。頃讀日本政府本月二十二日關於調整中日邦交根本方針之闡明：

第一點，為善鄰友好，並鄭重聲明日本對於中國無領土之要求、無賠償軍費之要求。日本不但尊重中國之主權，且將仿明治維新前例，以允許內地營業之自由為條件，交還租界、廢除治外法權，俾中國能完成其獨立。日本政府既有此鄭重聲明，則吾人依於和平方法，不但北方各省可以保全，即抗戰以來淪陷各地亦可收復，而主權及行政之獨立完整亦得以保持。如此，則吾人遵照宣言，謀東北四省問題之合理解決，實為應有之決心與步驟。

第二點，為共同防共。前此數年，日本政府屢曾提議。吾人顧慮以此之故，干涉及吾國之軍事及內政。今日本政府既已闡明，當以日、德、意防共協定之精神締結中日防共協定，則此種顧慮可以消除。防共目的在防止共產國際之擾亂的陰謀，對蘇邦交不生影響。中國共產黨人既聲明願為三民主義之實

現而奮鬥，則應即徹底拋棄其組織及宣傳，並取消其邊區政府及軍隊之特殊組織，完全遵守中華民國之法律制度。三民主義為中華民國立國之最高原則，一切違背此最高原則之組織與宣傳，吾人必自動的、積極的加以制裁，以盡其維護中華民國之責任。

第三點，為經濟提攜。此亦數年以來，日本政府屢曾提議者。吾人以政治糾紛尚未解決，則經濟提攜無從說起。今者，日本政府既已鄭重闡明尊重中國之主權及行政之獨立完整，並闡明非欲在中國實行經濟上之獨佔，亦非欲要求中國限制第三國之利益。惟欲按照中日平等之原則，以謀經濟提攜之實現。則對此主義，應在原則上予以贊同，並應本此原則以商訂各種具體方案。

以上三點，兆銘經熟慮之後，以為國民政府應即以此為根據，與日本政府交換誠意，以期恢復和平。日本政府十一月三日之聲明，已改變一月十六日聲明之態度。如國民政府根據以上三點，為和平之談判，則交涉之途徑已開。

中國抗戰之目的，在求國家之生存獨立。抗戰年餘，創鉅痛深。倘猶能以合於正義之和平而結束戰事，則國家之生存獨立可保，即抗戰之目的已達。

以上三點，為和平之原則。至其條理，不可不悉心商榷，求其適當。其尤要者，日本軍隊全部由中國撤去，必須普遍而迅速。所謂在防共協定期間內，在特定地點允許駐兵，至多以內蒙附近之地點為限，此為中國主權及行政之獨立完整所關。必須如此，中國始能努力於戰後之休養、努力於現代國家之建設。中日兩國壤地相接，善鄰友好有其自然與必要。歷年以來，所以背道而馳，不可不深求其故，而各自明瞭其責任。今後中國固應以善鄰友好為教育方針；日本尤應令其國民放棄其侵華、侮華之傳統思想，而在教育上確立親華之方針，以奠定兩國永久和平之基礎。此為吾人對於東亞幸福應有之努力，同時

吾人對於太平洋之安甯秩序及世界之和平保障亦必須與關係各國一致努力，以維持增進其友誼及共同利益也。謹此提議，伏盼採納！

汪兆銘。艷

二十七年十二月二十九日

出處：

- 南京國民政府宣傳部編，《汪主席和平建國言論集》上卷（南京：國民政府宣傳部，1940年），頁1–4。

- 中央電訊出版委員會編，《汪主席和平建國言論選集》（南京：中央電訊出版委員會，1944年），頁1–2。

以下書目為汪精衛曾出版的著述、彙編或叢書，
涵蓋他諸多政治文章、演講、書信及電報，
至於詩詞著作請參閱本系列《汪精衛詩詞彙編》。

汪精衛攝於一九三六年七月間

書目表

---◆---

此處只羅列汪精衛政論文章出版專書

- 《汪精衛先生最近演說》（法國：都爾中華印字局，一九一九年）

- 《中國國民黨史概論》（廣州：中國國民黨陸軍軍官學校政治部，一九二五年）

- 《汪精衛先生演說集》（上海：中國印書館，一九二五年）

- 《巴黎和議後之世界與中國》（上海：民智書局，一九二六年）

- 《汪精衛演說集》（上海：中國印書館，一九二六年）

- 《汪精衛演講錄》（上海：中國印書館，一九二六年）

- 《中國國民黨講演集》（上海：中山書店，一九二七年）

- 《汪精衛先生文選初集》（廣州：民智書局，一九二七年）

- 《汪精衛先生演說詞》（漢口：中央日報，一九二七年）

- 《國民會議國際問題草案》（北京：北京國際問題研究會，一九二七年）

- 《汪精衛先生去國後之言論》（天津：中國國民黨河北省黨務指導委員會宣傳部，一九二九年）

- 《汪精衛全集》（全四冊）（上海：三民公司，一九二九年）

- 《汪精衛集》（全四集）（上海：光明書局，一九二九年）

- 《黨國要人汪精衛最近言論集》（上海：大東書局，一九二九年）

- 《汪精衛先生致各黨部各同志書》（香港：南華日報編輯部，一九三〇年）

- 《最近約法論叢》（香港：南華日報編輯部，一九三〇年）

- 《汪精衛先生最近言論集》增訂本（香港：南華日報編輯部，一九三一年）

- 《復興中國國民黨》（廣州：中國國民黨中央執監委員非常會議，
  一九三一年）

- 《汪精衛言行錄》（上海：廣益書局，一九三三年）

- 《汪精衛文存》（上海：啓智書局，一九三五年）

- 《汪精衛文選》（上海：仿古書店，一九三六年）

- 《汪精衛先生最近言論集上下編》（上海：中華日報館，一九三七年）

- 《汪精衛先生最近之言論》（上海：中華日報館，一九三七年）

- 《汪精衛先生抗戰言論集》（漢口：獨立出版社，一九三八年）

- 《汪精衛先生最近言論集續編》（香港：南華日報社，一九三八年）

- 《抗戰與建國：汪精衛先生最近演講》（香港：南華日報社，一九三八年）

- 《汪兆銘全集》（東京：東亞公論社，一九三九年）

- 《汪兆銘言論集》（東京：三省堂，一九三九年）

- 《汪精衞先生重要建議》（香港：南華日報社，一九三九年）

- 《舉一個例：汪先生最近重要論文》（上海：中華日報館，一九三九年）

- 《汪主席和平建國言論集》（南京：國民政府宣傳部，一九四〇年）

- 《主席訪日言論集》（南京：國民政府宣傳部，一九四一年）

- 《汪主席和平建國言論集續集》（南京：國民政府宣傳部，一九四二年）

- 《汪精衞先生行實錄》（東莞：拜袁堂，一九四三年）

- 《陸海軍人訓條淺釋》（出版社未明，一九四三年）

- 《汪精衞文選》（台北：古楓出版社重印，一九八六年）

- 《汪精衞先生最近演說集》（香港：南華日報編輯部，出版日期缺）

- 《汪精衞先生的文集》（上海：中山書店，出版日期缺）

鳴謝

本書內容橫跨二十世紀首四十多年，其出版取決於多人的努力。首先，感謝許育銘教授為《汪精衛政治論述》賜序，使本書增色不少。要從汪精衛為數眾多的作品中輯錄成冊，是一項艱鉅任務，得益於方君璧贈送何孟恆十五冊的汪精衛文集，讓父親能以此為根基，挑選出其認為最能代表汪氏一生的一百二十一篇文章，也為我們書籍出版工作鋪上了一條平坦的道路，僅此向二人貢獻致上無窮謝意。

感謝我們編輯團隊的努力，使諸多文章可以結集成書：李耀章撰編輯前言；李瀟逸、蔡旻遠、郭鶴立、劉名晞搜羅書籍資料；王克文與許育銘教授多次解惑，並分享收藏；蘇維初教授協助搜掘資料；朱安培轉錄大部份文章文字；高凌華、郭鶴立、方通力（Tom Fischer）、蒙憲、李雲彩、許豪珊校閱諸篇文章。感謝八荒製作團隊設計是次版面，並負責排版，也感謝廖品淳於製作上提供協助。

最後，此匯校本實有賴朱安培與李耀章莫大之付出，他們搜掘諸多一手資料，以此校勘、訂正各版文字，更重新審訂全書標點斷句，務求以最低限度的編輯，大大促進本書可讀性，此點尤其有益於現今讀者。感謝他們為本會宗旨「透過汪精衛自己的話，更完整了解汪精衛」所作之貢獻。

雖然本書僅代表汪精衛一部份著作，但卻能為了解汪氏的政治生涯，提供一個清晰的線索。

何重嘉
汪精衛紀念託管會